Unterengadin – Engiadina Bassa

Rudolf und Siegrun Weiss

Unterengadin

Engiadina Bassa

50 ausgewählte Tal- und Bergwanderungen
rund um Samnaun, Ramosch, Scuol, Ardez, Lavin, Susch, Zernez
und im Val Müstair (Münstertal)

Mit 65 Farbfotos und
50 Wanderkärtchen im Maßstab 1 : 50 000 und 1 : 75 000

BERGVERLAG ROTHER GMBH • MÜNCHEN

Umschlagbild:
Auf dem Weg von Guarda zur Chamanna Tuoi.

Bild gegenüber dem Titel (Seite 2):
Das reizvolle Bergdorf Tschlin am Panoramaweg Ramosch – Vinadi.

Alle Fotos stammen von den Autoren,
ausgenommen die Fotos der Seiten 49 und 78 (Siegfried Garnweidner)

Kartographie:
Wanderkärtchen im Maßstab 1 : 50 000 und 1 : 75 000
© Bergverlag Rother GmbH, gezeichnet von Arnd Stuhldreier
(Routeneinzeichnungen nach Vorlagen von Siegrun Weiss)
Übersichtskarte im Maßstab 1 : 600 000 © Freytag & Berndt, Wien

3. Auflage 2002

ISBN 3-7633-4043-2

BERGVERLAG ROTHER · München
D-85521 Ottobrunn · Haidgraben 3 · Tel. (089) 608669-0
Internet www.rother.de **· E-mail** leserzuschrift@rother.de

Vorwort

Wer vom Engadin spricht, denkt zumeist an das Oberengadin – an Gipfel wie den Piz Palü, das »Silberschloß« mit seinen drei Graten, den Piz Bernina mit der »Himmelsleiter« des Biancogrates, zauberhafte Seen in einem weiten, lichtdurchfluteten Talbecken.
Das Unterengadin ist anders. Die Grenze zum Oberengadin oberhalb von Brail, bei der Hohen Brücke (Punt Ota), ist keine »Formsache«. Das Unterengadin hebt sich vielmehr in Landschaft, Vegetation, Klima und Bauwerken, ein wenig sogar in der Sprache (»Vallader«, eine eigene Form des Bündner Romanisch) vom berühmteren Oberengadin ab. Die Landschaft wirkt im Unterengadin ursprünglicher, strenger, weithin auch einsamer. Die Unterschiede betreffen auch die Hauptorte. St. Moritz und Scuol sind schlechthin unvergleichbar. Das eine ist ein Fremdenverkehrsort mit internationalem Gepräge, das andere ist (vor allem in seinem »Unterdorf«) ein gemütliches Engadiner Dorf geblieben.
Genug der Vergleiche. Meine Frau und ich, wir lieben das Engadin, das untere nicht weniger als das obere. Wir halten beide Teile dieser prachtvollen Landschaft für Wanderparadiese. Das gilt es zu begründen.
»Engadin – vorwiegend sonnig« lautet eine häufige Aussage des Schweizer Wetterberichts. Sie gilt für das Unterengadin in noch höherem Maße als für das Oberengadin. Das sind die Kennzeichen des Klimas im Unterengadin: Überdurchschnittlich viel Sonnenschein, frühzeitiger Frühlingsbeginn, langer schöner Herbst, kein Nebel, kaum einmal Wind. Dazu kommt ein vielgestaltiges Gebiet, das die Wünsche von Wanderern mit unterschiedlichsten Ansprüchen befriedigt, ein umfangreiches, gut ausgebautes und markiertes Wegenetz. Wer sollte da nicht zu schwärmen beginnen?

Schön und berührend ist der Gruß der Engadiner: »Allegra!«, das heißt: »Freue dich!« Diesem herrlichen Land und den Menschen, die hier wohnen, widmen wir unser Buch und:
Nus deditgain noss cudesch a questa grondiusa cuntrada ed a la glieud che abitescha qua.

Scuol, im Frühjahr 2002 | Rudolf und Siegrun Weiss

Inhaltsverzeichnis

Susch

Zernez

Müstair (Münstertal)

Unterengadiner Talweg

Unterengadiner Höhenweg (»Panoramaweg«)

Touristische Hinweise

Zum Gebrauch des Führers

Das Inhaltsverzeichnis gibt einen Überblick über die Wandervorschläge. Sie sind nach ihren Ausgangspunkten gegliedert. Den einzelnen Vorschlägen sind die wichtigsten Informationen (Talort, Ausgangspunkt, Teilabschnitte der Wanderung mit Gehzeiten, Einkehrmöglichkeiten, Varianten) steckbriefartig vorangestellt. Einer Charakterisierung der Wanderung folgt eine Beschreibung des Wegverlaufes. In einem farbigen Kartenausschnitt ist die Route eingezeichnet. Ein Foto ergänzt die Beschreibung. Im Stichwortverzeichnis am Ende dieses Führers sind alle Berge, Talorte, Ausgangspunkte, Stützpunkte und Ziele angeführt. Eine Übersichtskarte auf der Rückseite des Umschlags informiert über die geographische Lage der einzelnen Wanderziele.

Anforderungen

Die meisten Wanderungen im Unterengadin verlaufen auf markierten Steigen und Wegen. Im alpinen Gelände sind dennoch vielfach Trittsicherheit und Schwindelfreiheit erforderlich. Länge und Höhenunterschiede mancher Wanderungen setzen eine entsprechende Kondition voraus. Auf manchen Touren ist auch Orientierungssinn gefragt.
Um die jeweiligen Anforderungen besser einschätzen zu können, werden die Wandervorschläge mit verschiedenen Farben bezeichnet. Ihre Bedeutung:

BLAU

Diese Wanderwege sind gut markiert, ausreichend breit und nur mäßig steil. Sie erfordern keine Bergerfahrung und können zumeist auch bei Schlechtwetter verhältnismäßig gefahrlos begangen werden.

ROT

Diese Bergwanderwege sind ausreichend markiert, teilweise schmal, mitunter bereits etwas ausgesetzt. Einzelne Stellen können bereits mit Drahtseilen (im Engadin häufig mit Ketten oder Eisengeländern) gesichert sein. Diese Wege erfordern Trittsicherheit und eine entsprechende Ausrüstung, vor allem festes Schuhwerk.

SCHWARZ

Diese Steige sind, gute Sicht und entsprechende Aufmerksamkeit vorausgesetzt, ausreichend markiert (mitunter lediglich durch Steinmänner). Sie sind schmal und vielfach steil. Stellenweise ist der Weg ausgesetzt, manchmal ist leichte Kletterei (= Benützung der Hände zur Erhaltung des Gleichgewichts) notwendig. Trittsicherheit, Schwindelfreiheit, Orientierungssinn, Bergerfahrung und ein erhebliches Maß an Ausdauer sind Voraussetzungen, um eine

Eine »schwarze« Bergwanderung verlangt Trittsicherheit und Schwindelfreiheit. Häufig finden sich lediglich Wegspuren und Markierungen durch Steinmänner (vgl. Bild).

solche Bergwanderung gefahrlos durchführen zu können. Für weniger geübte Begleiter und Kinder leistet an ausgesetzten oder schwierigen Stellen ein kurzes Seil gute Dienste, wenn man den sachgerechten Umgang damit beherrscht.

Ein typischer »roter« Wanderweg: schmal, steinig, gelegentlich gehörig steil. Das Bild wurde beim Anstieg zum Schwarzhorn aufgenommen.

Gefahren

In größerer Höhe muß man bis in den Sommer hinein mit Schneefeldern rechnen. Nach Wetterstürzen können Vermurungen die Schwierigkeiten erhöhen. Dichter Nebel kann die Orientierung erschweren. Gewitter können insbesondere auf Gipfeln, Höhenrücken und Graten sowie bei der Benützung von Drahtseilen und Eisengeländern eine erhebliche Blitzschlaggefahr bedeuten. Das Höherstufen der angegebenen Schwierigkeit nach den jeweils zutreffenden Verhältnissen muß jeder Benützer selbst vornehmen. Dabei empfiehlt es sich in bestimmten Fällen, den Rat bergerfahrener Einheimischer einzuholen.

Günstige Jahreszeit

Viele der Wanderungen im Unterengadin führen in bedeutende Höhen. Der Ausgangspunkt liegt mitunter bereits erheblich höher als manches Gipfelziel in den Voralpen – Talorte bis zu 1800 m (z.B. Samnaun, S-charl), Pässe bis zu 2300 m (Flüelapaß). Im Frühling muß mit Schneefeldern gerechnet werden, die sich schattseitig bis in den Juli halten (z.B. beim Anstieg von Zernez zur Fuorcla Val Sassa im Nationalpark). Daraus ergibt sich, daß man für das Unterengadin keine einheitliche »beste Zeit« empfehlen kann. Wer sich vorwiegend auf Talwanderungen begibt, wird zumeist von April bis Oktober günstige Verhältnisse vorfinden, während man sich an die höheren Gipfel besser erst ab Juli heranwagt.

Ausrüstung

Außer für ausgesprochene Talwanderungen sind festes Schuhwerk mit griffiger Sohle, Regen-, Wind- und Kälteschutz, Tourenproviant (vor allem ausreichend Flüssigkeit) Voraussetzung. Eine Erste-Hilfe-Box und ein Biwaksack sind empfehlenswerte Ergänzungen.

Landkarten

Für die Wanderungen genügen in der Regel die Kartenausschnitte mit der eingezeichneten Route. Für die Bestimmung entfernterer Gipfel wird man dennoch eine Landkarte erwerben.

Empfehlenswert sind die genauen Landeskarten der Schweiz im Maßstab 1 : 50 000, insbesondere die Blätter mit rot eingezeichneten Wanderrouten. Sie sind an einem nachgestellten »T« (für Touristen) zu erkennen: Landeskarte 249 T Tarasp (Unterengadin Engiadina Bassa – Samnaun) und 259 T Ofenpass/Pass dal Fuorn (Unterengadin Engiadina Bassa – Nationalpark – Val Müstair). Das gesamte Gebiet umfaßt die Zusammensetzung 5017.

Verkehrsvereine von Tourismuszentren haben mitunter Wanderkarten für ihr Gebiet herausgegeben, zum Teil mit Wandervorschlägen und vielerlei Informationen, z. B. die Wanderkarte »Scuol – Tarasp – Vulpera« des Kur- und Verkehrsvereins Scuol.

Kartenliebhaber werden zu den noch genaueren Blättern der Landeskarte im Maßstab 1 : 25 000 greifen. Dieses Schweizer Kartenwerk ist mit Recht berühmt.

Schnittpläne der Schweizer Landeskarten sind in größeren Buchhandlungen erhältlich.

Gehzeiten
Die Zeitangaben in diesem Führer sind als Gehzeiten ohne Rasten oder sonstige Aufenthalte (z.B. Fotografierpausen) zu verstehen. Sie setzen eine körperliche Verfassung voraus, die der jeweiligen Wanderung angemessen ist. Dabei ist es schwierig, die Zustimmung aller Benützer zu erhalten. Wie im Straßenverkehr neigen wir dazu, uns selbst als das Maß der Geschwindigkeit zu betrachten: Wen wir überholen, der ist ein »Schleicher«, wer uns überholt, der ist ein »Renner«. Wer einmal festgestellt hat, ob und wie sehr er nach oben oder unten abweicht, kann in der Folge den erforderlichen Zeitaufwand einer Wanderung gut abschätzen.

Einkehr und Unterkunft
Auf private Unterkunftshäuser und Schutzhütten des Schweizer Alpen Clubs (SAC) wird im Text verwiesen. Da in diesem Führer ausschließlich Halbtages- und Tageswanderungen beschrieben werden, ist ihre Benützung in keinem Fall unbedingt erforderlich. Bei den Talorten sind Anschriften und Telefonnummern der Verkehrsbüros angeführt, die bereitwillig alle Fragen beantworten.

Anfahrt zu den Ausgangspunkten
Das Verkehrsnetz im Unterengadin (Rhätische Bahn, PTT-Bus) ist gut ausgebaut. Wer es aus Umwelt- oder anderen Gründen mit einem »Urlaub vom Auto« versuchen möchte, findet hier eine gute Gelegenheit dazu. Alle Wanderungen können mit öffentlichen Verkehrsmitteln erreicht werden. In vielen Fällen (Durchquerungen, Überschreitungen) ist es sogar notwendig, sie zu benützen.

Schützt die Natur!
Das Unterengadin ist eine weithin unversehrte Natur- und Kulturlandschaft. Es versteht sich von selbst, den »Knigge« für Bergwanderer zu beachten: Keine Blumen, dafür aber die eigenen Abfälle mitnehmen; Weidegatter schließen bzw. die im Engadin häufig angebrachten Isolierungen bei elektrischen Weidezäunen wieder einhängen; vierbeinige Freunde an die Leine nehmen, wenn sie nicht gut abgerichtet sind (im Nationalpark ist das Mitnehmen von Hunden überhaupt verboten); als Raucher Vorsicht mit Streichhölzern und Zigaretten walten lassen, um Waldbrände zu vermeiden; (nicht nur im Nationalpark) auf den Wegen bleiben, um das Wild nicht zu beunruhigen und (bei steilen Hängen) keine unnötigen Erosionsschäden zu verursachen.
Noch ein Hinweis zum Naturschutz: Das Oberengadin ist verkehrsmäßig gut erschlossen. Rhätische Bahn und PTT-Busse erleichtern es auch eingefleischten Autofahrern, wenigstens gelegentlich den Umstieg auf öffentliche Verkehrsmittel zu versuchen.

Wandern im Unterengadin

Das Unterengadin ist ein prachtvolles Wandergebiet mit einem schier unerschöpflichen Angebot an Wanderungen unterschiedlicher Schwierigkeit und Länge. Es umfaßt das Inntal von Martina (gleich nach der düsteren Finstermünzschlucht) über Ramosch, Scuol, Ardez, Lavin und Susch bis nach Zernez – und weiter bis Punt Ota oberhalb von Brail, insgesamt 41 km. Kürzere und längere Täler ziehen auf beiden Seiten in verschiedene Gebirgsgruppen. Etwas abgeschieden vom Haupttal sind Samnaun und Münstertal, eine Besonderheit ist der Nationalpark.

Geschichte

Vermutlich war das Unterengadin bereits in der Jungsteinzeit (3000 bis 1800 v.Chr.) besiedelt. Ab 15 v.Chr. wurde es von den Römern kolonisiert. Die Römer nannten die hier lebenden Stämme zusammenfassend »Räter«. Nach dem Niedergang des weströmischen Reiches herrschten die Franken. Das Unterengadin fiel der Grafschaft Vinschgau zu, das Oberengadin den Bischöfen von Chur. Im 15. Jh. kam es zu zahlreichen Kriegen mit Österreich (»Hennenkrieg«, »Schwabenkrieg«). Die Reformation im 16. Jh. trug zu den Reibereien mit dem katholischen Österreich bei. Nach dem Ende des Dreißigjährigen Krieges kauften sich die Unterengadiner für 26 000 Gulden (etwas mehr als eine halbe Million Mark) von Österreich frei.

Sprache

Im Unterengadin und im Münstertal sprechen etwa 5500 Romanen das »Vallader«, eine von fünf Formen der rätoromanischen Sprache. Die klangvolle Sprache entstand als Verschmelzung rätischer Dialekte mit dem Vulgärlatein. Vor wenigen Jahren wurde eine einheitliche Schriftsprache geschaffen, das »Rumantsch Grischun« (Bündner Romanisch). Alle Romanen sprechen auch Deutsch. Es gibt daher keine Verständigungsschwierigkeiten. Für interessierte Gäste finden in Scuol Romanischkurse statt (Anmeldung im Verkehrsbüro).

Vegetation und Tierwelt

Das Unterengadin weist eine ungemein reichhaltige Pflanzen- und Tierwelt auf. Um sie zu erhalten, sind eine Reihe von Pflanzenschutzgebieten eingerichtet und entsprechend beschildert worden. Tierschutzgebiete sind durch eine eigene Markierung (gelb-rot) ausgewiesen. Für Tierbeobachtungen gehört deshalb ein Fernglas zur Standardausrüstung im Engadin.

Nationalpark

Der Schweizer Nationalpark wurde 1914 mit mehreren Zielen (Forschung, Naturschutz, Erziehung) gegründet. Er ist der älteste Nationalpark Europas und der drittälteste der Welt (nach dem Yellowstone-Park in den USA und dem Krueger-Park in Südafrika, die als Vorbild dienten). Der Park ist ein großartiges Wandergebiet mit einem Wegenetz von 80 km. Die markierten Wege dürfen nicht verlassen werden. An den Eingängen verweisen große Tafeln auf zahlreiche weitere Verbote. Eine gute Einführung in die Entstehung des Parks und seine gegenwärtigen Probleme (z.B. die Vermehrung des Rotwildes aufgrund des Jagdverbots, die große Besucherzahl von etwa 300.000 im Jahr u.a.) vermitteln Tonbildschau und Ausstellungen im Nationalparkhaus in Zernez. Eine Erweiterung des Nationalparks ist geplant.

Kartenskizzen mit eingezeichneter Wanderroute erleichtern die Orientierung im Schweizer Nationalpark.

Eine Wegtafel der BAW (Bündner Arbeitsgemeinschaft Wanderwege). Sie enthält Angaben über den Standort und seine Höhe. Die gelben Hinweisschilder zeigen in der Pfeilspitze die Schwierigkeit des Weges an (hier »rot«). Links der Piz Radönt, in der Bildmitte das Radüner Rothorn. Das Bild wurde beim Anstieg vom Flüelapaß zum Schwarzhorn aufgenommen.

Mehrtägige Wanderungen

Die Wanderungen sind als Tagestouren beschrieben, können also grundsätzlich von einem einzigen Talquartier aus unternommen werden. Lediglich der »Unterengadiner Talweg« und der »Unterengadiner Höhenweg« sind mehrtägige Durchquerungen. Auch sie erzwingen jedoch keine Nächtigung in verschiedenen Orten, da die Rückkehr zum jeweiligen Ausgangspunkt mit öffentlichen Verkehrsmitteln leicht möglich ist.

Wegmarkierungen im Unterengadin

Die Wege im Unterengadin sind einheitlich markiert. Dafür sorgt die »Bündner Arbeitsgemeinschaft Wanderwege« (BAW). Leider stimmen die Farben, die zur Kennzeichnung der Schwierigkeit verwendet werden, nicht mit der Kennzeichnung in den Wanderführern des Bergverlag Rother überein.
»Leichte Wanderwege«, die keine besonderen Anforderungen stellen und auch mit Straßenschuhen begangen werden können, sind im Unterengadin gelb markiert.

»*Bergwanderwege*« sind für erfahrene Wanderer mit entsprechender Ausrüstung (wetterfeste Kleidung, geeignete Schuhe) gedacht. Sie sind rot (genauer: weiß-rot-weiß) markiert.
»*Alpine Wege*« können leichte Kletterstellen aufweisen. Sie erfordern entsprechende Ausrüstung und Erfahrung und sind BLAU (genauer: weiß-blau-weiß) markiert.
Die Kennzeichnung der Schwierigkeit stimmt also nur im mittleren Bereich (rot) mit der unseren überein. Leichte Wanderungen, die in den Wanderführern des Bergverlags mit **BLAU** bezeichnet sind, sind im Engadin gelb markiert. Vorsicht erfordert vor allem die Einstufung der schwierigen Wanderungen: Sie ist bei uns **SCHWARZ**, im Engadin dagegen blau!
Noch ein Hinweis: Die Markierung gelb-rot bezeichnet keinen Wanderweg, sondern ein Wildschutzgebiet.
An allen wichtigen Stellen, also vor allem an Kreuzungspunkten, sind Wegweiser aufgestellt. Sie enthalten am linken Ende die Bezeichnung des Standortes (mit genauer Höhenangabe), im rechten Teil Zielangaben, häufig gegliedert nach Nahziel, Zwischenziel und Endziel, mitunter mit Zeitangaben.

Abseits der markierten Wege
Im Gegensatz zu Süddeutschland oder Österreich sind in der Schweiz nur wenige Gipfel durch markierte Wege und Versicherungen an den heiklen Stellen erschlossen. Die Wege führen zumeist nur zu Hütten oder Übergängen. Das gilt auch für das Unterengadin. Wer also einen Gipfel in der Nähe des beschriebenen Wanderweges »mitnehmen« möchte, muß sich bewußt sein, daß das einige Anforderungen an das Orientierungsvermögen stellen kann, selbst wenn der Anstieg kurz ist und durch unschwieriges Gelände führt – Steigspuren erweisen sich mitunter als Wildwechsel und Steinmänner sind meist gerade dann nicht zu sehen, wenn man sie besonders dringend zur Orientierung braucht.

Schießübungen
Ebenfalls eine Besonderheit in der Schweiz sind die Schießübungen. Wo und wann das Militär Gebiete für den Tourismus sperrt, weisen Anschlagtafeln der Gemeinden aus und wissen die Verkehrsvereine. Im Gelände werden rot-weiße Warntafeln aufgestellt. Die Übungspläne liegen frühzeitig fest, ganz Vorsichtige fragen die regionale Auskunft für militärisches Schießen (RAMS): Tel. 081/7251195. Die Schießübungen finden weder häufig noch großräumig statt, sie behindern Wanderungen nicht ernsthaft.

Informationen und Adressen von A–Z

Anreise: Mit der Rhätischen Bahn von Chur (seit der Eröffnung des Vereinatunnels durch das Prättigau) nach Scuol. Mit dem Bus/ PKW gleichfalls durch den Vereinatunnel oder über den Flüelapaß. Oder: Von Landeck oder (von Italien/ Südtirol) über den Reschenpaß oder durch das Münstertal.

Auskünfte: Verkehrsverein Graubünden, Alexanderstraße 24, CH-7001 Chur, Tel. 081/2542424, Fax 081/2542400
Schweizer Verkehrsbüros in Deutschland: D-60311 Frankfurt, Kaiserstr. 23; D-20095 Hamburg, Speersort 8; D-80802 München, Leopoldstr. 33; D-70173 Stuttgart 1, Neue Brücke 6;
Schweizer Verkehrsbüro in Österreich: A-1010 Wien, Kärntner Str. 20.
Die Verkehrsbüros im Unterengadin werden bei den einzelnen Orten mit Adresse und Telefonnummer angeführt (Abschnitt »Talorte im Überblick«).

Bergbahnen: Ftan Fionas – Natéas (Sessellift), Scuol – Motta Naluns (Kleingondelbahn), Samnaun-Ravaisch – Alp Trida-Sattel (Luftseilbahn).

Burgen und Schlösser: Fortezza (Susch), Steinsberg (Ardez), Schloß Tarasp, Tschanüff (Ramosch), Wildenberg (Zernez).

Camping: »Wildes« Zelten ist bei Strafe (»Buße«) verboten. Offizielle Zeltplätze sind meist schön gelegen und gut ausgestattet, im Unterengadin z. B. der Campingplatz in Sur En bei Sent, am orographisch rechten Innufer.

Diebstahl: Im Gegensatz zu anderen Urlaubsgebieten ist das Unterengadin (bisher) von Dieben weitgehend verschont geblieben. Dennoch empfiehlt es sich, in abgestellten Autos keine Wertsachen zu lassen.

Engadiner Haus: Durch ein Rundbogentor kommt man in den Sulèr und dann in die angebaute Scheune oder in den Wohntrakt – Stuva (Wohnzimmer), Chadafo (Küche mit offener Feuerstelle), Chaminada (Speisekammer), oben Chambra (Schlafzimmer). Die Fassaden sind mit Sgraffiti und Wandmalereien verziert, mit Erkern, Fenstergittern und Wappen geschmückt.

Fahrpläne: Für bestimmte Linien kostenlos bei Bahnhöfen und Postämtern. Der preiswerte »Fix-Fahrplan Graubünden« enthält neben genauen Fahrplänen von RhB und PTT alle Angaben zu den Bergbahnen.

Fahrverbote: Oft dürfen nur Anrainer Forst- und Almstraßen befahren. Verbote sollten eingehalten werden – als Zeichen des Respekts vor dem Gastland. Übertretungen werden mit hohen Strafen (»Bußen«) belegt.

Hallenbäder: In Scuol und Zernez – ein Tip für die (seltenen) Schlechtwettertage!

Heilquellen: Um Scuol-Tarasp-Vulpera herum gibt es nicht weniger als 25 Mineralquellen. Für Trinkkuren werden genützt: alkalische Glauber- und Bittersalzquellen (Luzius-, Emerita-, Lischana- und Sfondraz-Quelle), verdauungsfördernd und entzündungshemmend; alkalische Eisensäuerlinge (Bonifazius-Quelle), nützlich für Harnorgane. Ihr hoher Gehalt an Kohlensäure fördert die Tätigkeit von Herz und Kreislauf.

Kunst: Das Unterengadin ist reich an Kunstwerken. Auf sie verweist der Text in knapper Form. Hervorzuheben ist die Klosteranlage in Müstair. Typisch sind die reizvollen Orte mit den »Engadiner Häusern« (siehe Stichwort).

Literaturverzeichnis: Baumann, Chasper: Tourenvorschläge für Wanderfreunde im Unterengadin. Ardez
Biert-Bonorand, Balser, und Mitarbeiter: Unterengadin. Bündner Wanderbuch. Bern
Caminada, Pieder: Region Scuol - Tarasp. Chur
Clavadetscher, Otto P., und Meyer, Werner: Das Burgenbuch von Graubünden. Chur
Dolder, Willi und Ursula: Graubünden. Kunst, Kultur und Landschaft vom Quellgebiet des Rheins bis zum Engadin. Köln
Gansner, Hanspeter: Wanderführer Graubünden. Chur
Hess, Ernst L., und Eisele, Reinhard: Engadin. München
Hüsler, Eugen E.: Engadin. Bruckmanns Bild-Wanderführer für die ganze Familie. München
Kaune, Rose Marie, und Bleyer, Gerhard: Die schönsten Höhenwege im Engadin. München
Könz, Jachen Ulrich: Das Engadinerhaus. Bern
Könz, Jachen Ulrich: Guarda. Bern
Mehling, Marianne, Hg.: Knaurs Kulturführer in Farbe – Graubünden. München
Meier, Erhard: Kulturwege in Graubünden. Chur. Heft 1 – 5
Meier, Erhard: Senda culturale Engiadina bassa/Val Müstair – Kulturweg Unterengadin/Val Müstair. Chur
Müller, Paul Emanuel, und Hess, Katharina: Das große Bündner Wanderbuch. Chur
Müller, Paul Emanuel, und Hess, Katharina: Das zweite große Bündner Wanderbuch. Chur
Müller, Paul Emanuel: Leuchtendes Engadin. Chur
Müller, Paul Emanuel, Hess, Katharina, und Gensetter, Lisa: Rundwanderungen in Graubünden. Chur

Zu den »geländegängigen« Tieren im Gebirge zählen nicht nur Wildtiere, sondern auch Schafe. Das Foto wurde beim Anstieg zum Schwarzhorn in einer Höhe von etwa 2700 m aufgenommen.

Müller, Paul Emanuel: Region Val Müstair. Chur
Pieth, Friedrich: Bündner Geschichte. Chur
Schorta, Andrea: Wie der Berg zu seinem Namen kam. Kleines Rätisches Namenbuch. Chur
Schweizer Alpen Club: Clubhütten. Zürich
Terra Grischuna. Zeitschrift für Natur, Kultur und Freizeit in Graubünden
Verband der Museen der Schweiz, Hg.: Schweizer Museumsführer. Bern

Notfälle: Schweizer Rettungsflugwacht „REGA" Tel. 1414; nächster Polizeiposten 117; Sanitätsnotruf 144.

Pilze: Sammeln von Pilzen ist nur an bestimmten Tagen und zu bestimmten Zeiten (Nachtpflückverbot von 20.00 bis 8.00 Uhr) erlaubt. Die Menge ist mit höchstens 1 kg pro Person und Tag begrenzt.

Regionalpaß Graubünden: Freie Fahrt an fünf von 15 Tagen auf allen Strecken der Rhätischen Bahn; an den übrigen Tagen halbe Fahrpreise; diese Reduzierung gilt ebenfalls bei der Benützung von PTT-Bussen und Bergbahnen.

Schießübungen: Auskunftsstelle für militärisches Schießen (RAMS) Tel. 081/7251195. Hier erhält man Auskünfte über Ort, Zeit und Dauer militärischer Schießübungen und die damit verbundenen Einschränkungen.

Schutzhütten: Private Berghäuser und Hütten des Schweizer Alpen Clubs (SAC). Bewirtschaftungszeiten vermerkt der Text. Außerhalb dieser Zeiten stehen sie grundsätzlich offen. Gebühren (Nächtigung, Heizmaterial) in Hüttenkasse einzahlen oder überweisen. Vertrauen verpflichtet!

Telefon: Einwahl ins Schweizer Netz aus dem Ausland mit der Kennzahl 0041. Bei Anrufen aus dem Ausland die Null der Schweizer Vorwahl weglassen (z.B. »81« anstatt »081« bei Scuol). Achtung: Rufnummern können sich ändern, im Zweifel Auskunft anrufen!

Unterengadiner Fenster: Geologisch interessante Erosionslücke in der für Gase undurchlässigen Gneis- und Granitschicht. Durch Risse und durch weiche Schieferlagen dringen Gase nach oben, vermischen sich mit dem Grundwasser. So entstanden die zahlreichen Heilquellen um Scuol-Tarasp-Vulpera.

Verkehr: »Hauptschlagader« ist die Strecke Samedan–Scuol der Rhätischen Bahn. Seit der Eröffnung des Vereinatunnels (von Selfranga bei Klosters im Prättigau nach Sagliains bei Lavin im Unterengadin) gibt es eine unmittelbare Bahnverbindung mit der Nordostschweiz. Der Vereinatunnel bietet eine wintersichere Eisenbahnverbindung mit Autoverladung, die natürlich auch im Sommer genutzt werden kann (Verladungen halbstündlich in jeder Richtung). Das Straßennetz im Unterengadin ist gut ausgebaut und wird von den PTT-Bussen bis zu hochgelegenen Weilern befahren.
Auskünfte Tel. 081/221121 (Rhätische Bahn) bzw. 081/263181 (Postautodienst).

Wetter: Schlechtwetter kommt im allgemeinen von Süd- oder Nordwesten. Das enge Hochtal schirmen der Talknick zwischen Zernez und Susch und die Dreitausender der Silvretta ab. Daher fallen die Niederschläge gering aus – über 200 cm auf der Alpennordseite, nur 65 in Scuol. Außerdem herrscht an den meisten Tagen des Jahres (85%) Windstille, und Nebeltage fehlen fast völlig (1,4 Tage im Jahr).
Wetterbericht: Tel. 162.

Talorte im Überblick

Samnaun, 1840 m
Früher nur von Österreich aus erreichbar, wurde der Ort wegen der wirtschaftlichen und verkehrstechnischen Schwierigkeiten 1882 zur Zollfreizone erklärt. Das ehemalige »Schmugglernest« verdient dadurch (wenn auch in anderer Weise) immer noch durch das »Schmuggeln«... Ursprünglich gehörte Samnaun zum romanischen Sprachraum, orientierte sich jedoch aufgrund der Verkehrslage zunehmend nach Tirol hin und wurde deutschsprachig. Inzwischen gibt es längst (seit 1912) eine Straße aus der Schweiz. Der Ausbau zu einem Liftgebiet und die Verbindung mit Ischgl (seit 1978/79) brachten Wohlstand. Dennoch kann man noch immer billig tanken und Alkoholika einkaufen. Talmuseum »Chesa Retica«.
Auskünfte: Touristikverein CH-7563 Samnaun, Tel. 081/8685858, Fax 8685652

Tschlin, 1533 m
Nach vielen Bränden wurde Tschlin immer wieder aufgebaut. Es liegt hoch über dem Inntal im steilen Sonnenhang. Das ausgedehnte Gemeindegebiet umfaßt die Weiler Strada, San Niclà, Sclamischot, Chaflur, Martina und Vinadi.
In Martina treffen sich die Straßen von Landeck und Nauders bei der Schweizer Zollkontrolle.
In Vinadi wächst trotz seines Namens (»Weinberg«) kein Wein. Hier zweigt die kurvenreiche Straße ab, die auf Schweizer Staatsgebiet nach Samnaun führt; die Zufahrt ist 14 km lang und wird scherzhaft als »Whiskystraße« bezeichnet .
Auskünfte: Verkehrsbüro CH-7559 Tschlin,Tel. 081/8663232, Fax 8363706

Ramosch, 1231 m
Nach dem großen Brand von 1880 wurde der Ort von oberitalienischen Bauleuten aufgebaut. Ungewöhnlich groß ist die prächtige gotische Kirche, da Ramosch früher ein beliebter Wallfahrtsort war.
Zu Ramosch gehören die Ortsteile Vnà, Seraplana und Raschvella.
Auskünfte: Verkehrsbüro CH-7551 Ramosch, Tel. 081/8363566

Sent, 1430 m
Viele Auswanderer aus dem Ort wurden in der Fremde reich und kehrten im Sommer als »randulins« (= Schwalben) zurück. Sie bauten häufig prachtvolle Häuser mit südländischem Gepräge. Als »Senter Giebel« sind die geschweiften Barockgiebel zu einer Art Markenzeichen geworden. Weithin sichtbar ist der überschlanke neugotische Kirchturm. Zu Sent gehören die Weiler Crusch und Sur En.

Das Sommerdorf Sur En bei Ardez mit einer großen Zahl liebevoll restaurierter Engadiner Häuser lohnt einen Besuch.

Das Kurhaus im Sinestratal (Val Sinestra) wurde am Beginn des 20. Jahrhunderts als wahrer Prunkbau errichtet. Durch Hochwasser wurde die Quellfassung in den 60er Jahren zerstört – die Mineralquellen fließen seither in den Bach. Die Badeanlagen sind teilweise schon verfallen. Heute wird das Kurhaus als preiswertes Hotel geführt, das insbesondere zu Familienurlauben einlädt.
Auskünfte: Verkehrsbüro CH-7554 Sent, Tel. 081/8641544, Fax 8640192

Scuol, 1243 m
Hauptort und größte Gemeinde des Unterengadins. Im »Unterdorf« (Scuol sot) finden wir schöne Engadiner Häuser und einen malerischen Dorfplatz. In der Chagronda (= großes Haus) ist seit 1954 das Unterengadiner Museum untergebracht. Das Skigebiet Motta Naluns hat zum Bäder- und Wandertourismus im Sommer den Wintertourismus gebracht.
Zu Scuol gehört der Weiler S-charl. Hier wurde ab dem 12. Jahrhundert Bergbau betrieben und vor allem Silber und Blei geschürft. Heute ist S-charl, das früher ganzjährig bewohnt wurde, ein Sommerdorf. Seit 1991 gibt es Gästeführungen in den Bergwerksanlagen.
Auskünfte: Verkehrsbüro CH-7550 Scuol, Tel. 081/8612222, Fax 8612223.

Tarasp (1240–1702 m)

»Tarasp« ist eine Art Sammelbegriff für zahlreiche Ortsteile wie Funtana, Vulpera und Sparsels. Diese Ortsteile umringen das Schloß. Die Bewohner waren einst als Bauern die Leibeigenen der Schloßherren. Inzwischen ist nicht mehr die Landwirtschaft, sondern der Fremdenverkehr der bedeutendste Wirtschaftszweig.

Schloß Tarasp ist eine eindrucksvolle, weit sichtbare Burganlage mit einer wechselvollen Geschichte. Die auf den Resten eines römischen Wachturms erbaute Burg bewohnten vermutlich bereits im 11. Jahrhundert die Herren von Tarasp. Später besaßen das Schloß die Grafen von Tirol, die Vögte von Matsch, die Habsburger. 1803 schenkte es Napoleon dem neuen Kanton Graubünden. Das Schloß wurde bald an privat verkauft, wechselte mehrfach den Besitzer und verfiel zunehmend. Am Beginn unseres Jahrhunderts erwarb der Industrielle Karl August Lingner (»Odol Mundwasser«) das Schloß. Damit begann der Umschwung. Von 1907 bis 1916 wurde der Bau großzügig saniert. Lingner, der hier seinen Lebensabend verbringen wollte, starb kurz vor dem Abschluß der Restaurierungsarbeiten. Heute steht das Schloß unter Denkmalschutz. Eine Stiftung sorgt für die Erhaltung.

Auskünfte: Verkehrsbüro CH-7552 Vulpera-Tarasp, Tel. 081/8612052, Fax 8612051

Der malerische Dorfplatz des »Unterdorfes« von Scuol (Scuol Sot).

Das reizvolle Dorf Ardez mit seinem Wahrzeichen, der mächtigen Burgruine Steinsberg.

Ftan, 1633 m

Mehrmals wurde Ftan durch Lawinen und Feuersbrünste zerstört. Dennoch sind einige schöne Engadiner Häuser erhalten geblieben. Die alte Mühle von Ftan wurde restauriert und lohnt einen Besuch.

1970 wurde Ftan durch Aufstiegshilfen mit dem Skigebiet von Scuol verbunden. Seither hat der Fremdenverkehr gegenüber der Landwirtschaft stark an Bedeutung gewonnen. Im Jahre 1916 wurde ein »Hochalpines Töchterinstitut« gegründet, das nunmehr auch »Söhne« aufnimmt und internationales Ansehen genießt.

Auskünfte: Verkehrsbüro CH-7551 Ftan, Tel. 081/8640557, Fax 8640537

Ardez, 1432 m
Der Ort liegt auf einer Talterrasse oberhalb der Innschlucht. In seiner Nähe steht auf einem schroffen Felsen und weithin sichtbar die Burgruine Steinsberg (12. Jh., 1499 zerstört). Nicht ohne Grund wurde Ardez 1975 als Beispielgemeinde für Denkmalpflege ausgewählt. Die Häuser, zum Teil richtige »Bauernpaläste«, wurden mit großem Aufwand restauriert. Ardez steht dem berühmteren Guarda kaum nach. Bekannt ist vor allem die Darstellung von Adam und Eva auf der Fassade des Hauses Claglüna (1647). Interessant sind Schalensteine auf dem Weg von Ardez zum Weiler Bos-cha, die »Plattas da las strias« (= Hexenplatten), eine prähistorische Kultstätte.
Zu Ardez gehört außer Bos-cha (aussichtsreich auf der nächsthöheren Terrasse gelegen) auch der Weiler Sur En, eine malerische Sommersiedlung auf der gegenüberliegenden Talseite mit einer ungegliederten romanischen Saalkirche aus dem 13. Jahrhundert.
Auskünfte: Verkehrsverein CH-7549 Ardez, Tel. 081/8622330, Fax 8622516

Guarda, 1653 m
Der Ort gilt als Musterbeispiel eines Engadiner Dorfes und wirkt auf uns wie ein »Museum voll Leben«. Das hat gute Gründe. Erst im 19. Jahrhundert wurde die Straße, die ursprünglich 200 m höher von Lavin über Gonda nach Guarda führte, in den Talboden verlegt. Dadurch wurde das Dorf vom Durchgangsverkehr abgeschnitten und geriet wirtschaftlich in eine Krise. Bund, Kanton und Heimatschutz investierten bedeutende Mittel in die Sanierung der Häuser, die heute unter Denkmalschutz stehen. Geführte Rundgänge durch das Dorf. – Zu Guarda gehört der Weiler Giarsun nahe der Bahnstation. Von hier PTT-Bus nach Guarda.
Auskünfte: Verkehrsverein CH-7549 Guarda, Tel. 081/8622342, Fax 8622166

Lavin, 1412 m
Der Name kommt von den großen Lawinenstrichen östlich des Dorfes. Der Ort wirkt eher wie ein italienisches Dörfchen. Der Grund ist ein verheerender Brand im 19. Jahrhundert. Der Wiederaufbau erfolgte durch italienische Architekten, die verschiedene Auflagen zum besseren Schutz vor der Feuergefahr beachten mußten.
Zu Lavin gehörte der Weiler Gonda, der im 18. Jahrhundert durch eine Lawine zerstört wurde und von dem heute nur mehr Ruinen zu sehen sind. Auf der rechten Innseite kann man eine Gletschermühle besichtigen.
Auskünfte: Verkehrsverein CH-7543 Lavin, Tel. 081/8622782, Fax 8622782

Susch, 1426 m
Als Talort für den Flüelapaß war Susch früher ein wichtiger Warenumschlagplatz, der Arbeit für Säumer, Kutscher, Fuhrleute, Wagner, Sattler und Schmiede bot. Seit die Rhätische Bahn ihren Betrieb aufnahm, sank seine

Bedeutung. Zahlreiche Brände führten zu großen Zerstörungen. Dennoch sind bedeutende Gebäude erhalten geblieben, z.B. die spätgotische Kirche, in der 1537 das »Suscher Religionsgespräch« zwischen Katholiken und Protestanten stattfand (Ergebnis war die Verkündung der Glaubensfreiheit!); verschiedene Wehrbauten (Wohnturm der Planta, Gefängnisturm, Festung).
Auskünfte: Verkehrsbüro CH-7549 Susch, Tel. 081/8622862

Blick hinab auf Lavin. Im Hintergrund die Grialetschgruppe.

Die großartige Klosteranlage von Müstair.

Zernez, 1473 m

Die Schmalspurbahn St. Moritz – Scuol und die Paßstraße vom Münstertal über den Ofenpaß (mit Fortsetzung über den Flüela nach Davos) machen den Ort zu einem wichtigen Verkehrsknoten. 1872 zerstörte ein verheerender Brand das Dorf. Die schönen alten Engadiner Häuser finden sich deshalb in den vom Feuer verschonten Teilen des Ortes. Als wichtiges Tor zum Nationalpark hat Zernez Bedeutung für den Fremdenverkehr erlangt. Hier befindet sich das Nationalparkhaus, die zentrale Auskunftsstelle des Schutzgebietes. Auf geführten Wanderungen erläutern Kundige den Park.
Auskünfte: Verkehrsbüro CH-7530 Zernez, Tel. 081/8561300, Fax 8561155

Müstair, 1247 m

Vor allem durch offene Vorhöfe, die Wohn- und Wirtschaftsräume verbinden, erinnert Müstair, die größte Siedlung des Münstertales, an südliche Dörfer. Eindruck macht die Klosteranlage, 1983 von der Unesco in das Weltkulturerbe aufgenommen. Außer dem Kloster finden sich einige sehenswerte Häuser, vor allem das Calvenhaus (Chasa Chalavaina), heute ein Gasthof gegenüber dem oberen Tor des Klosterhofes.
Auskünfte: Verkehrsverein Val Müstair, CH-7537 Müstair, Tel. 081/8503929, Fax 8503930. Betreut auch die anderen Orte im Münstertal: **Santa Maria**, 1375 m (Straßenknoten Ofen-/Umbrailpaß), **Valchava**, 1440 m (Talmuseum »Chasa Jaura«), **Fuldera**, 1638 m, **Tschierv**, 1660 m, und **Lü**, 1920 m (höchstgelegene politische Gemeinde der Schweiz).

1 Piz Munschuns, 2656 m

Kurzer Weg auf einen Aussichtsberg mit vier Sternen

Bergstation Alp Trida – Piz Munschuns – Skihaus Alp Trida – Laret

Talort: Samnaun, 1840 m. Hierher auch mit PTT-Bus von Scuol bzw. Martina (Linie 960.70). Nähere Angaben S. 21.
Ausgangspunkt: Talstation der Seilbahn zur Alp Trida im Ortsteil Ravaisch, 1 km vor Samnaun. Große Parkplätze. Bergstation der Seilbahn auf dem Alp Trida Sattel, 2488 m. Hierher zu Fuß 2 Std.
Gehzeiten: Bergstation – Piz Munschuns ½ Std., Piz Munschuns – Alp Trida ¼ Std., Trida – Laret 1¼ Std.; Gesamtzeit 2½ Std.
Anforderungen: Von der Bergstation auf den Gipfel ziemlich steil und anstrengend, aber kurz; dann durchwegs bequem auf breitem Weg bis Laret.
Höhenunterschied: 168 Hm im Aufstieg, 925 Hm im Abstieg; zusätzlich kleine Gegensteigungen.
Einkehr und Unterkunft: Skihaus Alp Trida, bewirtschaftet vom 1. Juli bis etwa Mitte Oktober, 44 Betten.
Variante: Verlängerung der Wanderung durch die sogenannte »Fünf Seen-Runde« – sehr empfehlenswert (1 Std. länger).

Von der **Bergstation** wandert man zunächst in wenigen Minuten über den Rücken. Nun folgt ein steiler Anstieg, der in vielen Kehren zum **Gipfel** führt. Man genießt eine prachtvolle Aussicht – Ötztaler Alpen und Ortleralpen beeindrucken ebenso wie die Nahblicke auf Muttler und Stammerspitz. Im

»Fünf-Seen-Wanderung« – der zusätzliche Zeitaufwand von einer Stunde lohnt!

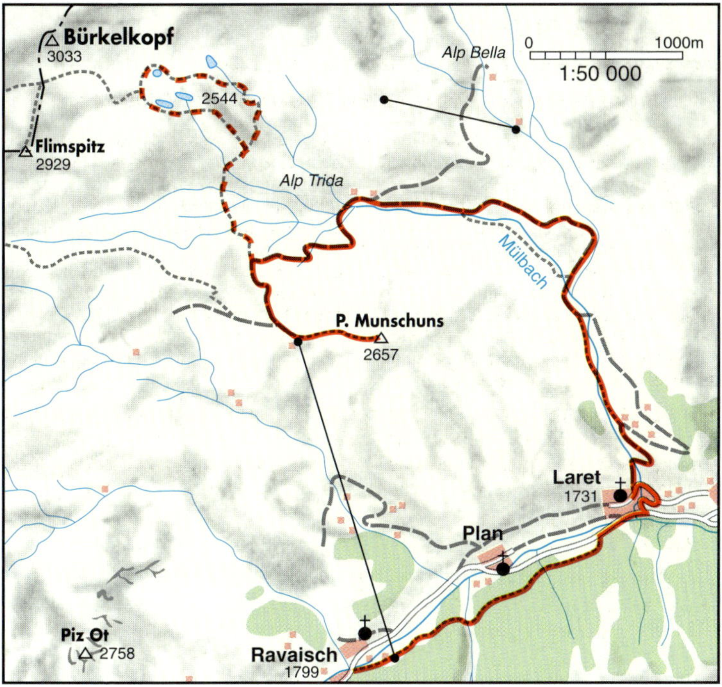

Hintergrund sind sogar noch die Berninaalpen gut zu erkennen.

Auf dem Anstiegsweg kehren wir zurück zur **Bergstation**. Ein breiter Fahrweg führt in den weiten Talboden der Alp Trida mit dem **»Skihaus«**.

Teilweise auf dem Fahrweg, zumeist aber auf abkürzenden Wegen, geht es in bequemer Wanderung zum Ortsteil **Laret** und durch den Ort zum **Schergenbach** hinunter. Mit dem PTT-Bus (Linie 960.70) kehren wir zur **Talstation** der Seilbahn zurück. Zu Fuß: Auf die andere Talseite und auf einem schönen Waldweg oberhalb der Straße zur Talstation. 1 Std.

Die kurze Wanderung eignet sich für eine erste Orientierung am Ankunftstag. Wer sie verlängern möchte, wandert nach einem kurzen Abstieg von der Bergstation nicht auf dem Fahrweg zum Skihaus Alp Trida, sondern behält die Richtung bei und folgt den Hinweisschildern *»Fünf Seen-Wanderung«*. Nach dieser Runde (zusätzlicher Zeitaufwand etwa 1 Std.) kehrt man zur Abzweigung zurück und steigt über die Alp Trida nach Laret ab.

2 Flimspitz, 2928 m

Unschwierige Rundwanderung mit anspruchsvoller Gipfeleinlage

Bergstation Alp Trida – Flimjoch – Flimspitz – Äußeres Viderjoch – Bergstation Alp Trida

Talort: Samnaun, 1840 m. Nähere Angaben S. 21.

Ausgangspunkt: Ortsteil Ravaisch, Talstation der Seilbahn, etwa 1 km vor Samnaun. Sommerbetrieb Juli bis Mitte Oktober. Bergstation Alp Trida Sattel, 2488 m. Hierher zu Fuß in 2 Std.

Gehzeiten: Bergstation – Flimjoch 1½ Std., Flimjoch – Flimspitze 1 Std., Flimspitz – Äußeres Viderjoch 1½ Std., Äußeres Viderjoch – Bergstation 1 Std.; Gesamtzeit 5 Std.

Höhenunterschied: 502 Hm; zusätzlich kleinere Gegenanstiege.

Anforderungen: Bei Verzicht auf den Gipfel teilweise etwas steil und mühsam, aber unschwierig. Die Besteigung des Gipfels über den Nordgrat erfordert Trittsicherheit und Schwindelfreiheit.

Einkehr und Unterkunft: Restaurant bei der Bergstation der Seilbahn, Gasthöfe in Samnaun.

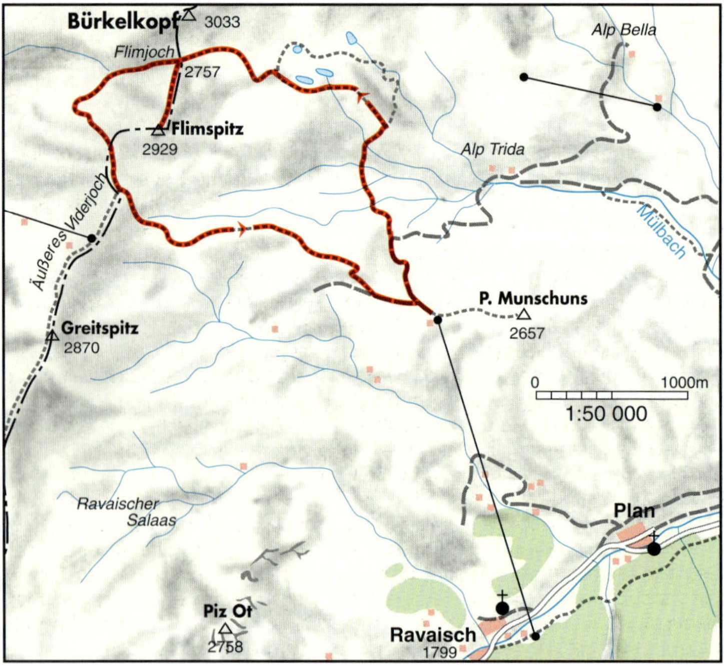

Auf dem Gipfel des Flimspitz mit Blick in die Verwallgruppe.

Von der **Bergstation** steigt man auf einer für den Wanderer wenig erfreulichen breiten Schotterstraße ab. Bald jedoch führt ein anregender Wanderweg an zahlreichen Seen vorbei. Dabei eröffnet sich ein zunehmend umfassender Blick. Zuletzt geht es unschwierig, aber anstrengend und schweißtreibend über Geröll in die **Scharte**.
Zum Gipfel führt ein Weglein, das jedoch teilweise leichte, an einer Stelle etwas *ausgesetzte Kletterei* erfordert. An den Kletterstellen verhindern *blaue* Markierungen, daß wir die richtige Route verlieren.
Auf die Rast beim **Gipfelkreuz**, die man wegen der großartigen Aussicht nicht zu knapp bemessen sollte, folgt zunächst der Abstieg zum **Flimjoch** auf dem Anstiegswege. Auf einem Weglein gelangt man in eine große Mulde, die man zwischen und über großen Felsblöcken quert. Nun folgt ein neuerlicher Anstieg – auf einem guten Weglein um den westlichen Ausläufer der Flimspitze herum zum **Äußeren Viderjoch**.
Ein Skilift bietet im Sommer keinen erhebenden Anblick. Man verläßt die »Piste« jedoch rasch und steigt über Rücken und Kuppen durch die Bergwiesen zur **Bergstation** hinab. Zuletzt kommt noch einmal ein kurzer Gegenanstieg auf einer Fahrstraße. Eine Einkehr im Seilbahnrestaurant bietet nicht nur willkommene Stärkung nach den Anstrengungen unserer Wanderung; von der Terrasse hat man auch einen eindrucksvollen Nahblick auf den mächtigen Muttler, den höchsten Gipfel der Samnauner Berge.

3 Greitspitz, 2871 m

Große Samnauner Rundtour für ausdauernde Wanderer

Bergstation Alp Trida – Äußeres Viderjoch – Greitspitz – Salaaser Kopf – Pauliner Kopf – Zeblasjoch – Samnaun

Über diesen Kamm verläuft der Weg zum Zeblasjoch. Im Hintergrund die Silvrettaberge, von den Fluchthörnern (rechts) bis zum Piz Tasna (links).

Talort: Samnaun, 1840 m. Hierher auch mit PTT-Bus von Scuol bzw. Martina (Linie 960.70). Nähere Angaben S. 21.
Ausgangspunkt: Seilbahn zur Alp Trida ab Ortsteil Ravaisch, 1 km vor Samnaun. Große Parkplätze. Bergstation der Seilbahn am Alp Trida-Sattel, 2488 m.
Gehzeiten: Bergstation der Seilbahn – Äußeres Viderjoch 1 Std., Äußeres Viderjoch – Greitspitz 1 Std., Greitspitz – Pauliner Kopf 1½ Std., Pauliner Kopf – Zeblasjoch ½ Std., Zeblasjoch – Samnaun 1½ Std.; Gesamtzeit 5½ Std.
Höhenunterschied: 383 Hm, zusätzlich zahlreiche kleine Gegenanstiege.
Anforderungen: Unschwierige Wanderung, aber große Höhe. Trittsicherheit auf mitunter schmalen Pfaden erforderlich.
Einkehr und Unterkunft: Erst am Ende der Rundwanderung in Samnaun.

Die großartige Rundwanderung folgt zu einem guten Teil der Staatsgrenze zwischen der Schweiz und Österreich. Ausweispapiere nicht vergessen.
Von der **Bergstation** führt ein guter und ausreichend markierter Weg in einigem Auf und Ab über Bergwiesen zum **Äußeren Viderjoch**.
An den Bergstationen von Liftanlagen auf österreichischer und Schweizer Seite vorbei geht es, zumeist rechts vom Kamm, also auf der österreichischen Seite, zum aussichtsreichen **Greitspitz**.
Nunmehr wandert man genau über den Kamm und seine zahlreichen Erhebungen, von denen eine auch bezeichnet ist (Salaaser Kopf, 2743 m),

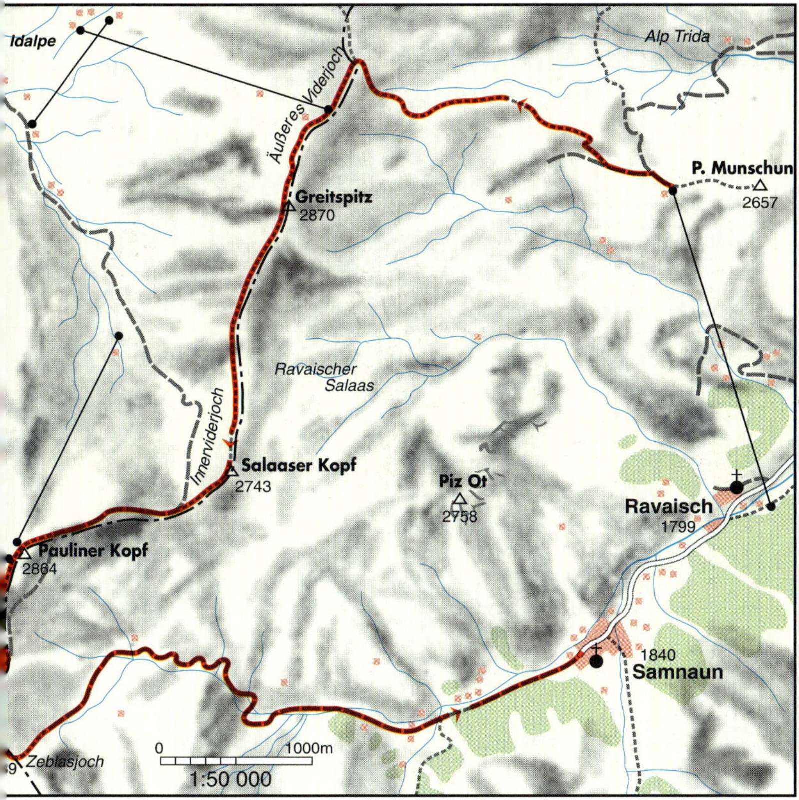

bis in eine Höhe von 2800 m vor dem Ostgrat, der zum **Pauliner Kopf** leitet. Über den Grat führt ein Abstecher in 10 Minuten zum Gipfel. Eine Überschreitung führt nach wenigen Minuten in steiles, felsiges Gelände, daher kehren wir auf dem Anstiegswege bis zur Abzweigung zurück.

Der Weg quert nun leicht abwärts die steile Südostflanke des Pauliner Kopfs und führt dann fast eben (mit einem geringen Gegenanstieg) Richtung Süd zum **Zeblasjoch**. Vom Joch steigt man auf einem gut markierten, vielbegangenen Weg gemütlich zu den Zeblaswiesen ab. Eine kurze, steilere Einlage führt durch eine Schlucht, schließlich wandern wir den Schergenbach entlang mit geringem Gefälle hinaus nach Samnaun.

4 Stammerjoch, 2657 m

Wanderung durch zwei ursprüngliche Bergtäler

Samnaun – Val Chamins – Stammerjoch – Val Maisas – Samnaun

Talort: Samnaun, 1840 m. Nähere Angaben S. 21.
Ausgangspunkt: Parkplatz 3, am Ortsende von Samnaun, oder einer der anderen großen Parkplätze im Ort.
Gehzeiten: Samnaun – Stammerjoch 2½ Std., Stammerjoch – Samnaun 1½ Std.; Gesamtzeit 4 Std.
Höhenunterschied: 836 Hm.
Anforderungen: Trittsicherheit und Kondition sind insbesondere für den steilen Anstieg zum Joch erforderlich.
Einkehr und Unterkunft: Erst am Ende der Wanderung in Samnaun.
Variante: Über die Fuorcla Maisas (2848 m) nach Ramosch – lange Wanderung auf einem historischen Übergang.

Im Gegensatz zu den vielbegangenen Wegen auf der Sonnseite führt unser Weg wesentlich einsamer durch das urtümliche Chaminstal, etwas anstrengender weiter zum Stammerjoch, im Abstieg an einigen malerischen Bergseen vorbei und schließlich durch das stärker frequentierte Maisastal.
Vom **Parkplatz** wandern wir den Schergenbach entlang bis zur Einmündung des Chaminstales. Hier zweigen wir nach links ab und erreichen in einigen

Die Maisasscharte (Fuorcla Maisas) liegt zwischen dem schon ziemlich verschneiten Muttler (links) und dem Stammerspitz (rechts). Das Stammerjoch liegt im Rükken, der vom Stammerspitz herabzieht.

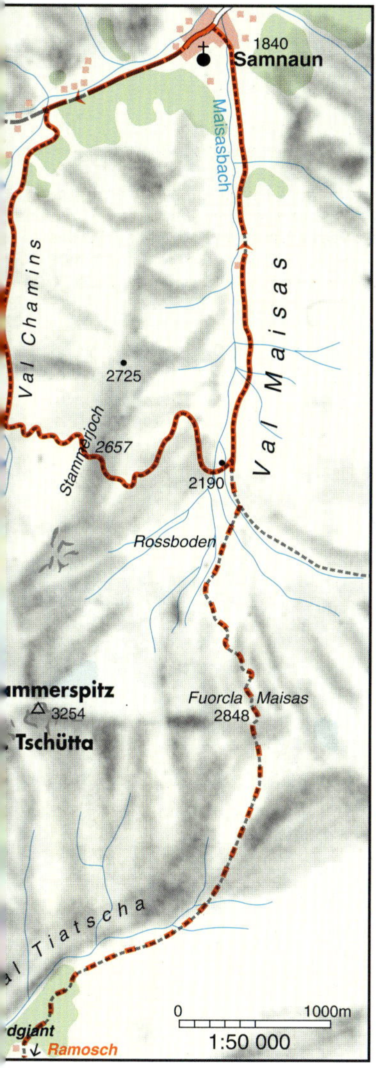

Kehren einen Weg, der uns leicht ansteigend oberhalb der Bachschlucht zum **Talschluß** führt (2371 m). Je nach Jahreszeit und Niederschlagshäufigkeit im Winter hält sich im obersten Kessel ein mehr oder weniger ansehnliches Schneefeld. Nun wird es anstrengend. Der mitunter nicht deutlich ausgeprägte, aber ausreichend markierte Weg führt steil zum **Stammerjoch** hinauf, einer sehr weiten ebenen Einsenkung.

Nach der wohlverdienten und aussichtsreichen »Jochrast« steigen wir ein kurzes Stück sehr steil ab. Etwas sanfter geht es zu einigen malerischen kleinen **Bergseen** weiter. Oberhalb eines Felsabbruches quert man absteigend Richtung Nord, bis man in einem weiten Rechtsbogen zum Talschluß des Maisastales (»Roßboden«) einbiegen kann. Dieses Tal wird deutlich häufiger besucht als das Chaminstal, durch das unser Aufstieg führte. Auf gutem Weg folgen wir in sanftem Abstieg dem Maisasbach nach **Samnaun**.

Variante: Vom Roßboden zwischen den mächtigen Gipfeln der Stammerspitze und des Muttler in vielen Kehren zur Fuorcla Maisas (2848 m). Durch ein etwas weniger steiles Kar steigt man ab (weglos, aber gut markiert), erreicht Pra San Peder (1831 m) und auf einem Fahrweg, der die Südostflanke des Piz Arina entlangführt, das Bergdörflein Vnà (1602 m). Mit dem PTT-Bus (Linie 960.80) nach Ramosch und weiter (Linie 960. 70) zurück nach Samnaun. Etwa 3 Std. länger.

5 Muttler, 3294 m

Auf den höchsten Gipfel der Samnaungruppe – nur für erprobte und ausdauernde Bergwanderer bei günstigen Verhältnissen

Samnaun – Roßboden – Muttler – Samnaun

Talort: Samnaun, 1840 m. Siehe S. 21.
Ausgangspunkt: Parkplatz 3, am Ortsende von Samnaun, oder einer der anderen Parkplätze im Ort (Entfernungen gering).
Gehzeiten: Samnaun – Roßboden 1½ Std., Roßboden – Muttler 3 Std., Muttler – Samnaun 3 Std.; Gesamtzeit 7½ Std.
Anforderungen: Trittsicherheit und ein erhebliches Maß an Kondition sind für diese Bergwanderung, die in eine bedeutende Höhe führt, unbedingt erforderlich. Der Muttler ist nur bei Schneefreiheit auf dem Grat ratsam (erst im Spätsommer oder Herbst zu erwarten). Bei einem Wetterumschwung sind in dieser Höhe auch im Hochsommer Schneefälle und Vereisung möglich!
Höhenunterschied: 1454 Hm.
Einkehr und Unterkunft: Erst am Ende der hochalpinen Wanderung in Samnaun.

Von **Samnaun** wandert man gemütlich zunächst auf einer Fahrstraße, bald aber auf einem Weg fast eben talein, überquert den Bach und steigt, nach wie vor mit recht mäßigem Höhengewinn, entlang des Maisasbaches zum **Roßboden** (= Talschluß). Der Talboden ist kurzzeitig schluchtig eng und felsig und zwingt den Weg in die Flanke oberhalb des Bachbetts.
Noch etwas oberhalb des Roßbodens zweigen wir nach links ab. Nach rechts ginge es zum Stammerjoch. Etwa 10 Minuten später stoßen wir neuerlich auf eine Weggabelung. Nach rechts führt der

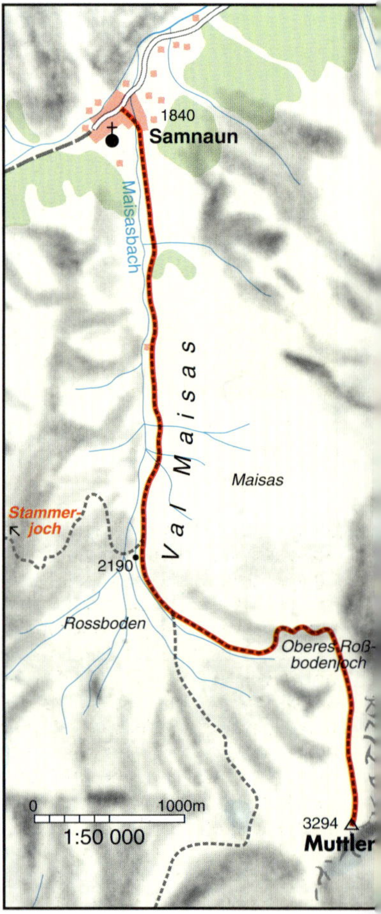

Der Muttler ist die höchste Erhebung in der Samnaungruppe. Erfahrene Bergwanderer können ihn bei günstigen Verhältnissen über den hier sichtbaren Nordgrat problemlos besteigen.

Steig über die Fuorcla Maisas zum Hof Zuort und weiter nach Vnà oder nach Sent. Wir bleiben auf unserem Pfad. Durch ein Tälchen steigt man in mäßiger Steigung an, biegt dann aber scharf nach links in die steile Flanke ab und erreicht **»Beim roten Seeli«** (2575 m), einem winzigen Seelein, einen schwach ausgeprägten Rücken. Über diesen Rücken steigt man auf, biegt neuerlich nach rechts ein, umgeht eine kleine Kuppe und erreicht kurz danach in steilem Anstieg das **Roßbodenjoch**. Das Joch ist bereits ein ansehnliches, aussichtsreiches Ziel. Lediglich die Aussicht nach Süden ist durch den Gipfelaufbau des Muttler eingeschränkt. Wer sich bereits hinreichend ausgelastet fühlt oder ungünstige Verhältnisse vorfindet, sollte es beim Joch oder der nächsten Kuppe im Grat (2844 m) bewenden lassen.
Nun kommt der alpinste Teil des Anstiegs. Aus dem Joch führt ein schmales Steiglein über den Nordgrat zum **Gipfelkreuz**. Etwas unterhalb des Gipfels befinden sich unansehnliche Anlagen des Fernsehens. Die Aussicht vom Muttler ist dagegen beeindruckend. Kein Wunder, handelt es sich doch um die höchste Erhebung der Samnaungruppe.

6 Lai Verd (Grünsee), 1836 m

Grenzüberschreitender Höhenweg von ungewöhnlichem Reiz

Sclamischot – Lai Verd – Nauders – Sclamischot

Vom Weiler Sclamischot am rechten Innufer geht es durch steilen Wald zum Lai Verd und – grenzüberschreitend – nach Nauders in Österreich.

Talort: Martina, 1035 m. Nähere Angaben S. 21.
Ausgangspunkt: Weiler Sclamischot (1050 m). Von Martina auf der Umfahrungsstraße, bis diese zum Inn hinunterführt. In einer Kurve über eine gedeckte Brücke. Der Weiler Sclamischot selbst wird nicht berührt. Er liegt rechts oben. Parkmöglichkeit gleich nach der Brücke. Von Martina zu Fuß ½ Std.
Gehzeiten: Sclamischot – Lai Verd 3 Std., Lai Verd – Nauders 1 Std., Nauders – Martina 2 Std., Martina – Sclamischot ½ Std.; Gesamtzeit 6 Std.
Höhenunterschied: 801 Hm, zusätzlich kleine Gegenanstiege.
Anforderungen: Weitgehend Waldwanderung auf guten bezeichneten Wegen – ohne Schwierigkeiten, aber im Aufstieg kurzzeitig steil und anstrengend.
Einkehr und Unterkunft: Gasthöfe in Nauders und in Martina, Gasthof Norberthöhe (1407 m, vor dem Abstieg nach Martina).
Varianten: Abstecher zum Großmutzkopf (1991 m), ½ Std., auch als Überschreitung möglich; Umweg über die Dreiländerecke (2181 m), 1½ Std.

Die Wanderung führt fast durchwegs durch schöne Wälder. Der Lai Verd liegt bereits auf österreichischem Gebiet, darf also als »Grünsee« bezeichnet werden. Ab Nauders besteht die Möglichkeit den Rundweg abzubrechen und mit dem Bus nach Martina zurückzukehren. – Reisepaß nicht vergessen!
Von der Brücke bei **Sclamischot** folgt man dem bezeichneten Weg erst steil durch den Wald, dann gemütlicher über Lichtungen. Kurz nach der Grenze geht es fast eben zum malerischen **Grünsee**. Dabei ergeben sich schöne Blicke hinab ins Inntal und auf die Bergumrahmung – Nauderer Berge, Ötztaler Alpen. Nach Süden schränkt die wuchtige Felsmauer des Piz Lad

den Blick ein. Es ist auch möglich, den größeren **Schwarzen See**, als »Naturdenkmal« ausgewiesen, in die Runde einzubeziehen.
Vom Grünsee erreicht man den Talboden in sanftem Abstieg durch den schönen Tiefwald. Auf der gegenüberliegenden Talseite sieht man Schloß Naudersberg und das Dorf Nauders. Will man nicht Nauders besuchen und evtl. ab Nauders den Bus benützen, hält man sich auf der linken Talseite und erreicht, bevor die Straße in Kehren ins Inntal hinunterführt, den **Gasthof Norberthöhe**. Hier bietet sich eine neuerliche Möglichkeit, die Annehmlichkeiten einer Busfahrt in Anspruch zu nehmen (Haltestelle beim Gasthof). Wer sich für den Fußmarsch nach Martina entschließt, kann die weiten Kehren der Fahrstraße auf dem Wanderweg abkürzen. Über die Innbrücke kommt man unmittelbar zum Schweizer Zollposten am Ortsende von **Martina**.

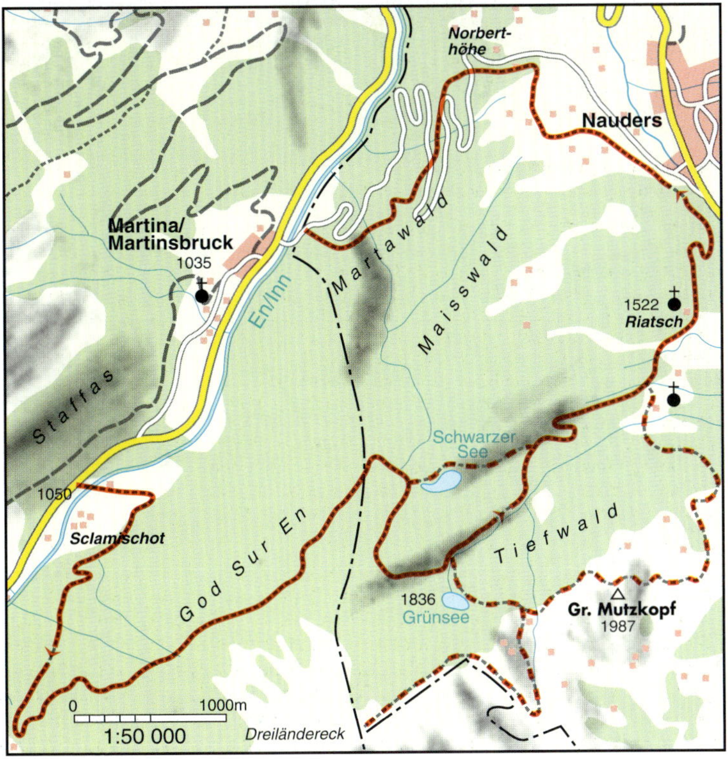

7 Piz Arina, 2828 m

Vorgeschobene Aussichtskanzel über dem Inntal

Vnà – Alp Pradatsch – Piz Arina – Alp Discholas – Vnà

Talort: Ramosch, 1231 m. Siehe S. 21.
Ausgangspunkt: Vnà, 1602 m. Beschränkte Parkmöglichkeit, besser PTT-Bus von Ramosch benützen (Linie 960.80). Zu Fuß von Ramosch 1 Std.
Gehzeiten: Vná – Alp Pradatsch 1½ Std., Alp Pradatsch – Piz Arina 2½ Std., Piz Arina – Alp Discholas 1¾ Std., Discholas – Vnà ¾ Std.; Gesamtzeit 6½ Std.

Höhenunterschied: 1226 Hm, zusätzlich kleinere Gegensteigungen.
Anforderungen: Bergwanderung, die in große Höhen führt und Trittsicherheit und Bergerfahrung, oberhalb der Almregion Orientierungssinn (teilweise sparsam markiert) erfordert.
Einkehr und Unterkunft: Erst am Ende der Wanderung in Vnà oder in Ramosch.

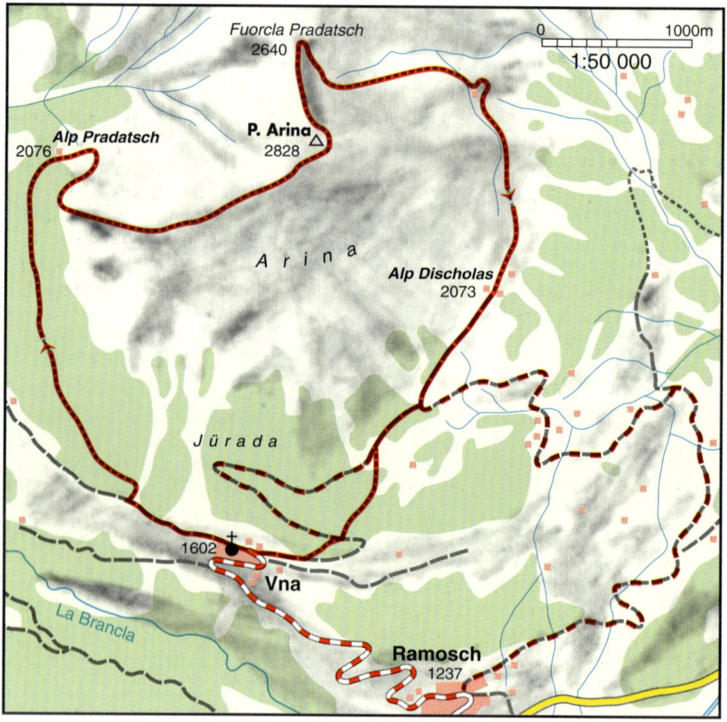

An einem kalten Herbsttag auf dem Gipfel des aussichtsreichen Piz Arina.

Der Aufstieg auf der Schattseite über die Alp Pradatsch, wie sie hier beschrieben wird, ist weniger schweißtreibend als der Aufstieg über die Sonnseite. Man hat dann allerdings den schwierigsten Teil des Weges (über den Nordrücken zur Fuorcla Pradatsch) im Abstieg zu bewältigen. Wer an seiner Trittsicherheit zweifelt, wird die vorgeschlagene Wanderung besser im umgekehrten Sinne, also im Aufstieg über die Alp Discholas, unternehmen.
Von **Vnà** wandert man kurz auf dem Fahrweg zum Hof **Zuort** talein. Bald zweigt man nach rechts ab und steigt durch Wald zur **Alp Pradatsch** (2075 m) auf. Die Alm liegt bereits oberhalb der Waldgrenze.
Von der Alp Pradatsch geht es nun über eine breite, nach Nordwest gerichtete Flanke zu einem Rücken, über den man unschwierig das Gipfelzeichen erreicht. Wegen seiner vorgeschobenen Lage und bedeutenden Höhe bietet der **Piz Arina** eine prachtvolle Aussicht. Insbesondere beeindruckt der Nahblick auf die »Engadiner Dolomiten«.
Vom Gipfel steigt man auf schmalem Weglein bzw. Wegspuren über den Nordrücken in die **Fuorcla Pradatsch** (2640 m) ab. Man umrundet nun den Gipfelaufbau und kommt in einem weiten Bogen zur **Alp Discholas** (2073 m). Von hier kehrt man auf einem bequemen Fahrweg (Abkürzung einer besonders weit ausholenden Kehre möglich) nach **Vnà** zurück. Mit dem PTT-Bus (Linie 960.80) nach **Ramosch**. Der Rückkehr dauert aber auch zu Fuß nur etwa 1 Std. Man kann dabei die großen Kehre der Fahrstraße auf einem angenehmen Fußweg abkürzen. Die Gesamtzeit ist in diesem Fall (zu Fuß bis Ramosch) kürzer, wenn man etwa ¼ Std. nach der Alp Discholas auf dem Alpweg nach links abzweigt und über Chant Sura, danach neuerlich linkshaltend, in weitem Bogen unmittelbar nach Ramosch absteigt.

8 Fimberpaß, 2608 m

Wanderung durch ein einsames, wildromantisches Tal

Vnà – Hof Zuort – Fimberpaß – Vnà

Talort: Ramosch, 1231 m. Nähere Angaben S. 21.
Ausgangspunkt: Vnà, 1602 m. Die Parkmöglichkeiten in diesem Weiler sind beschränkt. Man benützt deshalb besser den PTT-Bus, der von Ramosch heraufführt (Linie 960.80). Zu Fuß von Ramosch knapp 1 Std.
Gehzeiten: Vnà – Hof Zuort 1½ Std., Hof Zuort – Fimberpaß 2½ Std., Fimberpaß – Vnà 3 Std.; Gesamtzeit 6 Std.
Höhenunterschied: 1006 Hm.
Anforderungen: Unschwierige Wanderung, doch ist etwas Trittsicherheit auf den teilweise etwas rauhen Wegen (Schäden durch Lawinen und die Schneeschmelze) notwendig. Der Weg ist gelegentlich schwer erkennbar, doch ist er grundsätzlich durch den Talverlauf vorgegeben.
Einkehr und Unterkunft: Gasthof Hof Zuort (1711 m).

Von **Vnà** wandert man auf dem Fahrweg oberhalb der Brancla zum Hof **Zuort**. Vom schönen alten Bauern- und Gasthof hat man zunächst noch einen guten Weg entlang der Aua Chöglias. Der Weiterweg folgt dem Chögliastal in allen Biegungen bis zum **Fimberpaß**. Teilweise geht es dabei ziemlich mühsam über Schutt und durch Geröll. Auf dem Paß öffnet sich plötzlich der Blick nach Westen: Unmittelbar unter uns liegt das Fimbertal, darüber die mächtigen Granitzacken der Fluchthörner, die zu den schönsten und mächtigsten Berggestalten der Silvretta zählen. Vom Paß aus könnte man in kurzer Zeit die **Heidelber-**

Variante: Übergang zur Heidelberger Hütte (2264 m), die bereits von Österreich aus bewirtschaftet wird. Hier evtl. Nächtigung und Rückkehr über das Zeblasjoch und Samnaun.

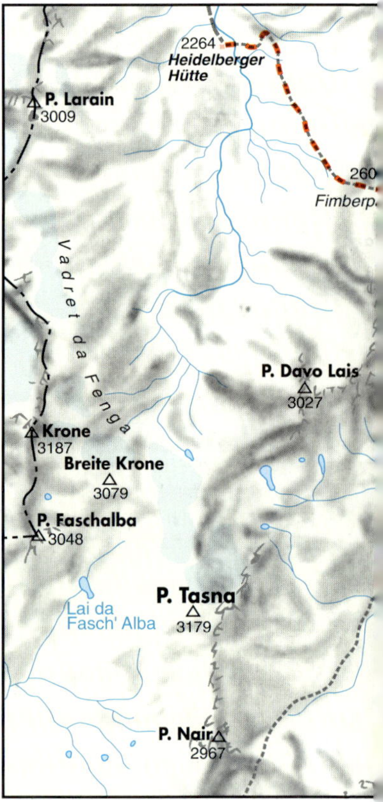

ger Hütte der Sektion Heidelberg des DAV erreichen. Sie wird von Österreich aus (Ischgl im Paznauntal) bewirtschaftet, liegt aber auf Schweizer Boden.

Der **Abstieg** vom Fimberpaß folgt zunächst dem Anstiegsweg. Wenn man jedoch im Gasthof Hof Zuort nicht einkehren möchte, steigt man bei einer Weggabelung am Ende des Chögliastales nicht zum Talboden hinunter, sondern quert weite Wiesen und Lichtungen, bis man auf halbem Wege zwischen Zuort und Vnà wieder auf die Fahrstraße stößt. Über sie erreicht man den Ausgangspunkt. Von Vnà führt der PTT-Bus (Linie 960.80) nach Ramosch. Zu Fuß muß man etwa 1 Std. veranschlagen.

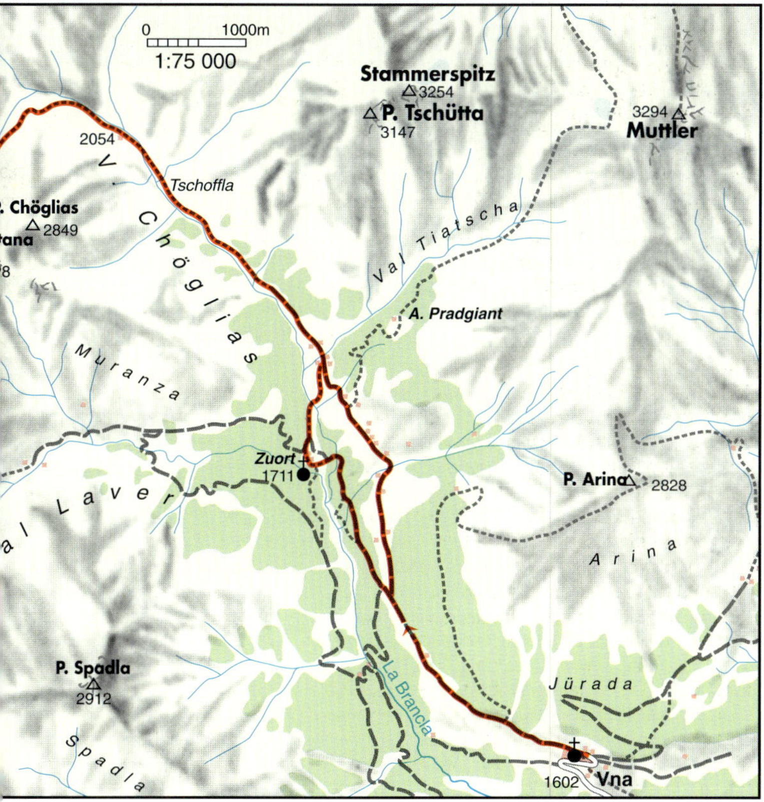

9 Fuorcla Salèt, 2826 m

Historisch bedeutsamer Pfad vom Inntal ins Samnaun

Tschlin – Fuorcla Salet – Val Sampuoir – Pfandshof

Anstieg zur Fuorcla Salet von der Sonnenseite, von Tschlin.

Talort: Strada, 1072 m. Siehe S. 21.
Ausgangspunkt: Parkplatz am Dorfeingang von Tschlin, 1533 m. Besser: PTT-Bus Strada – Tschlin (Nr. 960.85).
Gehzeiten: Tschlin – Fuorcla Salèt 4 Std., Fuorcla Salèt – Pfandshof 2½ Std.; Gesamtzeit 6½ Std.
Höhenunterschied: 1293 Hm.
Anforderungen: Trittsicherheit und eine gute Kondition sind erforderlich. Der Weg führt teilweise durch Geröll und ist sparsam markiert, zeitweise finden wir nur Wegspuren vor – deshalb ist auch Orientierungsvermögen gefragt.
Einkehr und Unterkunft: Erst am Ende der Bergwanderung.

Vom **Parkplatz** am Ortsbeginn wandert man auf dem steilen Fahrweg durch das reizvolle Dörfl. Im oberen Teil des Dorfes zweigt ein Fahrweg nach links ab, den man durch Wald bis ins Almgelände verfolgt. Weiter, bis man die Val da Chaflur überqueren kann. Kurz darauf zweigt man links ab und steigt über die Almen von Planas, Praditsch und Flütnas auf. Über freie Bergwiesen erreicht man die **Alp Salèt** (2432 m). Nach einem weiteren Anstieg von etwa ½ Std. gabelt sich der Weg. Wir wählen den rechten Ast und erreichen die **Salèt-Scharte** in einem unschwierigen, aber ziemlich steilen Anstieg.
Von der Fuorcla Salèt geht es über steile Schutthalden, im unteren Teil über Bergwiesen, in den Talboden des Sampuoirtales. Zunächst auf der linken, nach einem Brücklein (1908 m) auf der rechten Talseite erreichen wir eine große Lichtung (**Plan God Nair**, 1833 m). Auf einer Forststraße wandern wir durch den Wald, bis man nach einer großen Lawinenrinne (Laviner Lad) nach links abzweigen kann. Auf einem Fußweg steil hinab zur Straße, die man bei einer scharfen Kurve (1511 m) erreicht. Der **Pfandshof** liegt auf der anderen Straßenseite. Kurz nach dem Pfandshof BP-Tankstelle, Einkaufszentrum. Bushaltestelle. Mit PTT-Bus (Linie 960.70) zurück nach Strada.

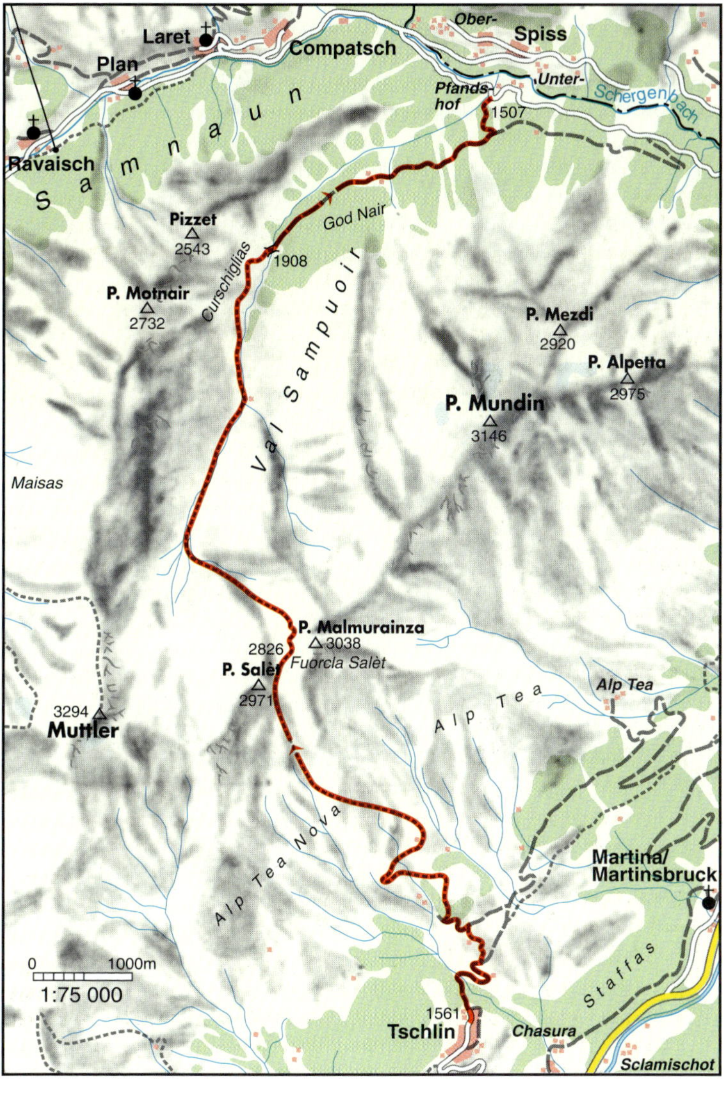
Laret
Plan
Compatsch
Ober-
Spiss
Unter-
Schergenbach
Pfandshof
1507
Ravaisch
Samnaun
Pizzet
2543
God Nair
1908
Curschiglias
P. Motnair
2732
Val Sampuoir
P. Mezdi
2920
P. Alpetta
2975
P. Mundin
3146
Maisas
P. Malmurainza
3038
2826
Fuorcla Salèt
P. Salèt
2971
3294
Muttler
Alp Tea
Alp Tea Nova
Martina/
Martinsbruck
Staffas
0
1000m
1:75 000
1561
Tschlin
Chasura
Sclamischot

10 Piz Clünas, 2793 m

Leicht erreichbarer Aussichtsberg im südlichsten Teil der Silvretta

Motta Naluns – Clünas – Piz Clünas – Alp Clünas – Chamanna da Schlivera – Motta Naluns

Talort: Scuol, 1243 m. Nähere Angaben S. 22.
Ausgangspunkt: Talstation der Gondelbahn am Westende von Scuol. Parkmöglichkeit etwas unterhalb der Talstation, gegenüber dem Hotel Bellaval. Mit Kleingondeln zur Bergstation Motta Naluns, 2142 m.
Gehzeiten: Motta Naluns – Clünas ¾ Std., Clünas – Piz Clünas 2 Std., Piz Clünas – Alp Clünas ¾ Std., Alp Clünas – Motta Naluns 1 Std.; Gesamtzeit 4½ Std.
Höhenunterschied: 651 Hm.
Anforderungen: Empfehlenswertes Gipfelziel für berggewohnte Wanderer. Der steile Anstieg über den Südrücken zum Gipfel erfordert etwas Trittsicherheit.
Einkehr und Unterkunft: Hotel »Bellaval« bei der Talstation der Seilbahn. Restaurant »La Motta« in der Bergstation, Gasthaus »Motta Naluns« unmittelbar neben der Bergstation. In der Hochsaison hat auch die Chamanna da Schlivera (Schlivera-Hütte) geöffnet.
Varianten: Vom Gipfel Abstieg zum Lai da Minschun (2642 m) und weiter zur Alp Clünas. Oder: Über Muot da l'Hom (2512 m) und Alp Laret nach Ftan.

Die Bergstation »Motta Naluns«, Drehscheibe des Skigebietes von Scuol.

Von **Motta Naluns** führt ein breiter Fahrweg zunächst leicht abwärts zur Talstation eines Schlepplifts, dann kurz aufwärts über die Bergwiesen von Clünas (etwa 2150 m). In engen Kehren steigen wir durchwegs ziemlich steil über den Südrücken geradewegs zum **Gipfel**. Bei Nässe wird das grasige und erdige Weglein unangenehm rutschig. Der Gipfel bietet eine ungewöhnlich umfassende Aussicht auf die »Unterengadiner Dolomiten« – und beträchtlich darüber hinaus.
Vom Gipfel kann man natürlich auf dem Anstiegswege zur Alp Clünas zurückkehren. Schöner ist es, die Wanderung zu einer kleinen Rundfahrt auszugestalten. Dazu wandert man Richtung Nord und biegt dann steil nach links zum **Lai da Minschuns** (2642 m), einem malerischen Bergsee, ab. Man wandert rund um den eben bestiegenen Gipfel und erreicht die **Alp Clünas**. Nun quert man den Hang auf einem bequemen Almweg, den man verläßt, wenn er sich talwärts wendet. Auf einem schmalen Weglein ohne Höhenverlust den Hang entlang, erreicht man die Bergstation eines Schlepplifts und die **Chamanna da Schlivera** (1391 m). Links vom Skilift wandert man auf einem breiten Almweg, zuletzt durch eine Unterführung unter dem Lift, zur **Bergstation**.

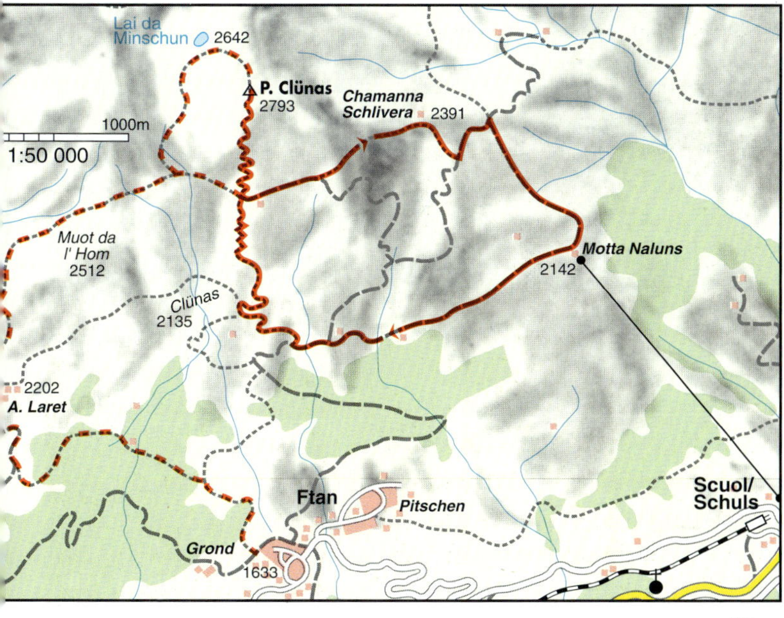

11 Piz Minschun, 3068 m

Anstrengender Weg auf einen Silvretta-Dreitausender – langer Abstieg durch ein malerisches Tal

Motta Naluns – Champatsch – Piz Minschun – Marangun Urschai – Ardez

Talort: Scuol, 1243 m. Siehe S. 22.
Ausgangspunkt: Talstation der Gondelbahn am Westende von Scuol. Parkmöglichkeit etwas unterhalb der Talstation, gegenüber dem Hotel Bellaval. Mit Kleingondeln zur Bergstation Motta Naluns, 2142 m.
Gehzeiten: Motta Naluns – Champatsch (etwa 2500 m) 1 Std., Champatsch – Piz Minschun 2 Std., Piz Minschun – Marangun d'Urschai (2210 m) 1½ Std., Marangun d'Urschai – Ardez (1464 m) 2½ Std.; Gesamtzeit 7 Std.
Höhenunterschied: 926 Hm.
Anforderungen: Trittsicherheit und Orientierungssinn unbedingt erforderlich; bei schlechter Sicht ist von einer Gipfelbesteigung abzuraten.
Einkehr und Unterkunft: Am Ende des Weges in Ardez. Zahlreiche Gasthöfe.

Auf dem Weg zum Piz Minschun. Nach einem etwas mühsamen Schotteraufstieg ist der Sattel erreicht, von dem aus ein breiter Rücken unschwierig zum Gipfel führt. Im Hintergrund der Piz Urschai.

Der Gipfel des Piz Minschun, gesehen vom Piz Clünas.

Von **Motta Naluns** folgt man dem bequemen markierten Weg in Richtung *»Fuorcla Champatsch/Val Sinestra«* bis zu der großen Mulde von **Champatsch**. Dieser Teil unserer Wanderung ist leicht (BLAU) und lohnend, denn er führt durch ein Pflanzenschutzgebiet, das insbesondere im späten Frühjahr durch eine prächtige Flora begeistert.

In der erwähnten Mulde ändern sich die Anforderungen erheblich. Hier beginnt der anstrengendste und anspruchsvollste Teil unserer Unternehmung. Weglos steigen wir aus der Wiesenmulde durch ein steiles Geröllfeld zum Nordrücken unseres Gipfels auf. Ein wenig erleichtert wird die Mühe, wenn wir uns im oberen Teil des Geröllfeldes rechts halten. Hier finden wir (etwas kümmerliche) Wegspuren vor. Den Nordrücken erreicht man bei P. 2885. Ein großer Steinmann zeigt an, daß wir auf dem richtigen Weg sind.

Blick vom Piz Minschun zum Piz Lischana.

Von hier geht es auf einem deutlich ausgeprägten Pfad ohne Schwierigkeiten zum **Gipfel** (Steinmann, kleines Holzkreuz).
Vom Piz Minschun steigen wir über den Südwestrücken ziemlich steil auf gut erkennbarem, aber nicht markiertem Weglein ab. Am Ende des Rückens halten wir uns rechts. Unterhalb der Punta Greala gelangen wir auf Pfadspuren in wechselnder Steilheit zu einem kleinen **See** (2473 m) und nach einer letzten Steilstufe zur **Alp Marangun d'Urschai** (2210 m).
Von der Alm führt ein Fahrweg zuerst durch das Urschaital, das dann in das Tasnatal einmündet. Durch das landschaftlich sehr schöne Tal (prächtige Aussicht auf die Gipfel der gegenüberliegenden Bergkette) erreicht man die Fahrstraße bei P. 1571. Diese Fahrstraße verfolgt man nur kurz und zweigt nach rechts ab. In leichtem Anstieg erreicht man die aussichtsreiche Kuppe **Chanoua** (Ruine einer Herberge für Fuhrleute) und in kurzem Abstieg den malerischen Ort **Ardez**.
Mit der Rhätischen Bahn (Linie 960) kehren wir problemlos zum Ausgangspunkt zurück.

12 Fuorcla Champatsch, 2730 m

Alpine Wanderrunde durch eine urtümliche Landschaft

Motta Naluns – Fuorcla Champatsch – Hof Zuort – Sent

Talort: Scuol, 1243 m. Siehe S. 22.
Ausgangspunkt: Talstation der Gondelbahn am Westende von Scuol. Parkmöglichkeit etwas unterhalb der Talstation. Gondeln zur Bergstation Motta Naluns, 2142 m.
Gehzeiten: Motta Naluns – Fuorcla Champatsch 2 Std., Fuorcla Champatsch – Hof Zuort 2 Std., Hof Zuort – Sent 2 Std.; Gesamtzeit 6 Std.

Anforderungen: Bei guten Verhältnissen unschwierige Wanderung, aber wegen der Höhe beständiges Wetter nötig. Achtung: Im steilen Abstieg zur Hochmulde Tiral oft noch im Sommer Schneefelder. Nach heftigen Gewittern (Muren!) Schluchtquerungen im Sinestratal häufig heikel bis ungangbar.
Einkehr und Unterkunft: Hof Zuort; Gasthöfe in Sent.

Von **Motta Naluns** wandert man auf einem etwas sparsam bezeichneten Weg ohne Höhenverlust (die Chamanna Schlivera bleibt oberhalb) in einer Hangquerung in die Almböden von **Champatsch**. Nun etwas anstrengend hinauf zur **Fuorcla Champatsch**. Gipfelsammler können von hier den **Piz Champatsch** (2919 m) »mitnehmen«. Man erreicht ihn über den Verbindungsrücken in einer halben Stunde.
Von der Fuorcla Champatsch steigen wir steil in die weite Mulde **»Tiral«** ab. Im engen Bachbett der Aua da Lavèr geht es zu den breiten Wiesenhängen und einer **Almhütte** (2080 m, Pra San Flurin = Wiese zum Heiligen Florian). Von hier wandert man auf dem linken Ufer oberhalb des Baches auf einem bequemen Fahrweg zum Hof **Zuort**. Neben dem gemütlichen Gasthof steht die Chasa Mengelberg, ehemaliger Wohnsitz des berühmten holländischen Dirigenten Mengelberg (kleine Kapelle, Glockenspiel).
Von Hof Zuort verfolgen wir zunächst den Fahrweg nach Vnà, biegen dann aber nach rechts zur wild schäumenden Brancla ab. Das Weglein führt durch die Schlucht, quert zweimal die Brancla. Nach einer neuerlichen Bachüberschreitung erreichen wir das früher vielbesuchte **Kurhaus Val Sinestra** (Arsen-Eisen-Quellen), das wie eine Burg inmitten der Wälder im Hang steht. Vom Kurhaus steigen wir in Kehren durch den Bergwald an, queren die bewaldete Ostflanke der Val Sinestra und wandern durch die Felder nach **Sent** hinunter. Einen Rundgang durch diesen hübschen, italienisch wirkenden Ort sollte man nicht versäumen (siehe S. 21). Rückkehr nach **Scuol** mit dem PTT-Bus (Linie 960.76) oder ab Kurhaus (960.65).

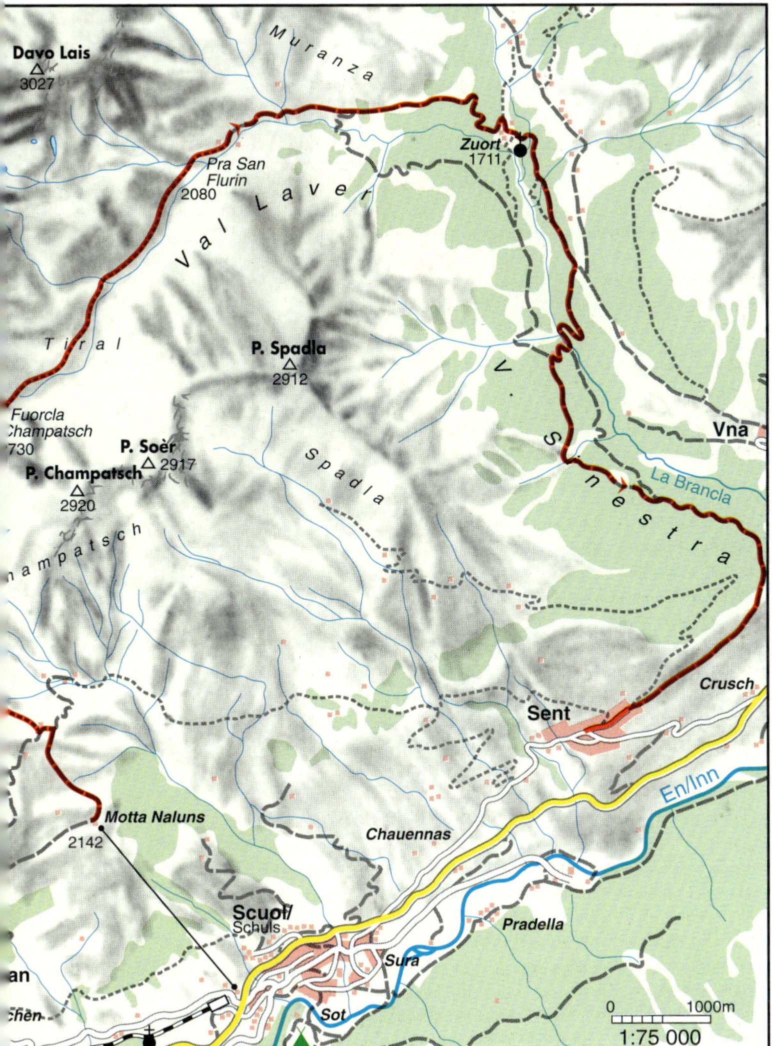
Davo Lais
3027
Muranza
Pra San
Flurin
2080
Val Laver
Zuort
1711
Tiral
P. Spadla
2912
Fuorcla
Champatsch
730
P. Soèr
2917
P. Champatsch
2920
Spadla
V. Sinestra
Vna
La Brancla
Champatsch
Crusch
Sent
En/Inn
Motta Naluns
2142
Chauennas
Scuol/
Schuls
Pradella
Sura
Sot
0
1000m
1:75 000

13 Chamanna Lischana (Lischana-Hütte), 2500 m

Schweißtreibender Aufstieg zu einem Schwalbennest über dem Inntal

San Jon – Chamanna Lischana

Talort: Scuol, 1243 m. Siehe S. 22.
Ausgangspunkt: Parkplatz bei San Jon (etwa 1420 m). Fast bis hierher kommt man auch mit dem PTT-Bus, der nach S-charl fährt (eigene Haltestelle bei der Abzweigung). Zu Fuß von Scuol eine knappe Stunde.
Gehzeiten: Parkplatz San Jon – Chamanna Lischana 3 Std., Chamanna Lischana – Parkplatz San Jon 2 Std.; Gesamtzeit 5 Std.
Höhenunterschied: 1080 Hm.
Anforderungen: Der Anstieg durch das wildromantische Lischanatal ist zwar unschwierig, aber sehr steil und anstrengend. Eine etwaige längere Variante zu den Lais da Rims erfordert zusätzlich ein erhebliches Maß an Orientierungssinn, eine Besteigung des Piz Lischana zusätzlich alpine Erfahrung.
Einkehr und Unterkunft: Chamanna Lischana, bewartet von Juli bis September, 41 Schlafplätze.
Varianten: Wer in der Hütte nächtigt, kann unschwierig zu einer Hochfläche mit mehreren Seen (Lais da Rims) wandern. 2 Std.; ausdauernde Wanderer können durch die Uina-Schlucht nach Sur En absteigen. Anspruchsvoller, aber für bergerfahrene Wanderer lohnend, ist eine Ersteigung des Piz Lischana (3105 m). 2 Std.

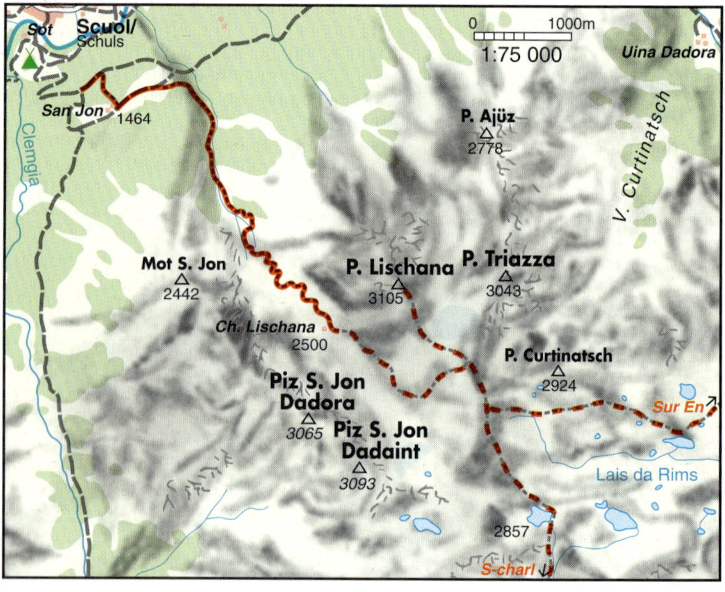

Ein schmaler Pfad führt über den Rücken und durch die Flanke zum Gipfel des Piz Lischana – bei guten Verhältnissen kein Problem für erfahrene Bergwanderer.

Die Hütte steht ungemein reizvoll und aus dem Inntal gut sichtbar auf einem Felsriegel.
Vom Parkplatz bei **San Jon** wandert man auf einem Waldweg in wenigen Minuten zu der auf einer weiten Lichtung gelegenen Meierei San Jon. Richtung Ost geht es, weiterhin auf einem bequemen Weg, ins Lischanatal. Nun aber wird es schweißtreibend: Auf einem markierten Pfad steigt man in vielen Kehren steil und mühsam zur **Hütte**.
Wer sich noch nicht ausgelastet fühlt oder in der Hütte genächtigt hat, setzt die Wanderung fort: Auf einem etwas sparsam markierten Pfad bis zu einer Wegteilung. Nach links geht es über den Gratrücken zum mächtigen **Piz Lischana** (3105 m). Das ist kein Weg für Wanderer, sondern für trittsichere und erfahrene Bergsteiger. Von der Hütte 2 Std. Eine leichtere Variante führt von der Weggabelung nach rechts. Man erreicht über eine eigenartige Hochfläche den **Lajet da Lischana** (2857 m) – einen hübschen See in einer urweltlich anmutenden Felskulisse. Bis zum See etwa 2½ Std.

14 Val d'Uina

Wanderung in eine der eindrucksvollsten Schluchten des Engadin

Sur En – Uina Dadaint – Uina-Schlucht – Sur En

Talort: Scuol, 1243 m. Nähere Angaben S. 22.

Ausgangspunkt: Sur En, 1124 m. Von Scuol in Richtung Ramosch. Beim kleinen Weiler Crusch verläßt man die Talstraße, fährt in den Talboden und überquert den Inn auf einer schönen gedeckten Holzbrücke. Gleich nach der Brücke stoßen wir auf einen Zeltplatz. Über die gut ausgebaute Fahrstraße erreichen wir den Weiler Sur En (1124 m).

Gehzeiten: Sur En – Uina Dadaint 2½ Std., Uina Dadaint – Uina-Schlucht 1 Std., Abstieg nach Sur En 2½ Std.; Gesamtzeit 6 Std.

Höhenunterschied: 1026 Hm.

Anforderungen: Bei Trockenheit handelt es sich um eine unschwierige Wanderung, die lediglich etwas Trittsicherheit erfordert. Der Schluchtweg ist bei Nässe rutschig, bei Regen droht Steinschlaggefahr. Bei Vereisung ist vom Begehen der Schlucht abzuraten.

Einkehr und Unterkunft: Erst am Ende der Wanderung in den Gasthöfen von Sur En.

Die Schlucht ist ungemein eindrucksvoll, eine der schönsten in Graubünden, aber ungleich weniger überlaufen als z.B. die berühmte »Via Mala-Schlucht« (Hinterrhein). Der Grund: Sie ist nicht so bequem zu haben, sondern erfordert eine ordentliche Gehleistung. Uina gehört zur Gemeinde Sent. Noch vor einem Jahrhundert wohnten hier über 20 Bauernfamilien, die gemeinsam eine Mühle betrieben. Sie ist heute verfallen. Der Mühlenstein

Gedeckte alte Holzbrücke bei Sur En, dem Ausgangspunkt für die Wanderung zur Uinaschlucht. Im Hintergrund der Piz Arina.

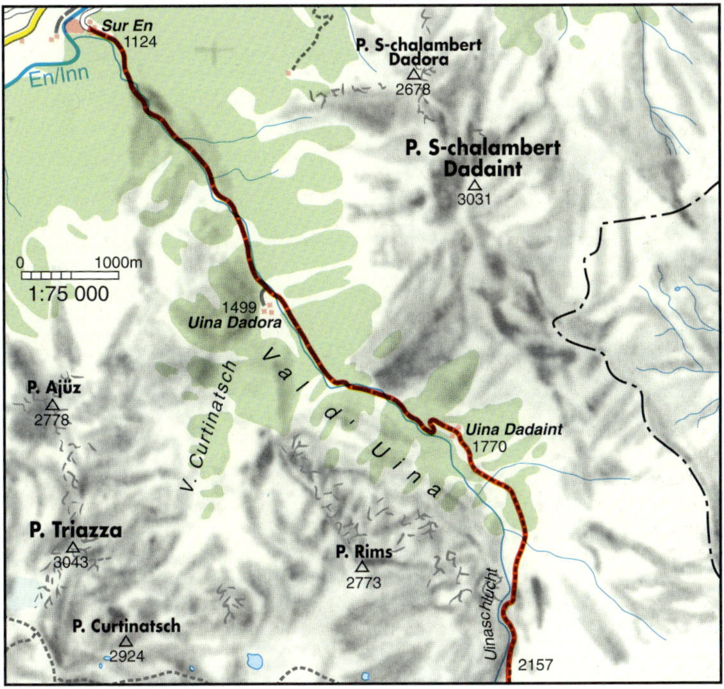

wurde oberhalb des Baches an der Straße aufgestellt und mit einem rätoromanischen Spruch versehen, der an die Vergänglichkeit des menschlichen Lebens gemahnt.
Von Sur En wandert man auf einem Fahrweg (Fahrverbot für den allgemeinen Verkehr) durch das Uinatal bequem und ohne Schwierigkeiten zu dem schönen Hof Uina Dadaint, (gegenwärtig noch bewirtschaftet).
Uina Dadaint führt zunächst ein Weg weiter, der über dem Talboden zum Beginn der **Schlucht** leitet. Die Schlucht ist etwa einen Kilometer lang, sehr eng und bis zu 400 m tief! Man muß sie selbst sehen – sie zu fotografieren ist schwierig. Durch die Schlucht führt ein schmales Band hoch über dem tosenden Wildbach, teilweise ist der Weg sogar in den steilen Fels gesprengt.
Nach der Schlucht findet sich erstaunlicherweise noch eine Weide (Sursass). Der **Abstieg** folgt dem Anstiegswege.

15 Mot Tavrü, 2420 m

Leicht erreichbarer Gipfel am Rande des Nationalparks – reichlich Gelegenheit zur Wildbeobachtung

S-charl – Alp Tavrü – Mot Tavrü – S-charl

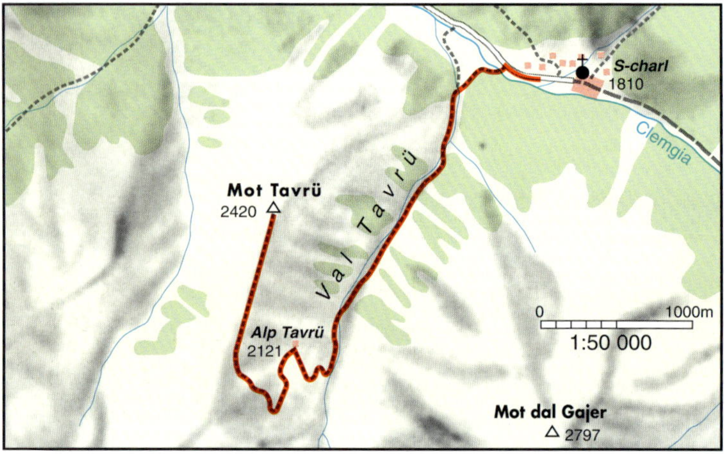

Talort: Scuol, 1243 m. Nähere Angaben S. 22.
Ausgangspunkt: Parkplatz unmittelbar vor S-charl, 12 km von Scuol. Die Straße ist nur in der ersten Hälfte asphaltiert und teilweise einspurig. PTT-Bus ab Scuol (Linie 960.60).
Gehzeiten: Parkplatz S-charl – Alp Tavrü 1 Std., Alp Tavrü – Mot Tavrü 1 Std., Mot Tavrü – Parkplatz S-charl 1½ Std.; Gesamtzeit 3½ Std.
Höhenunterschied: 610 Hm.
Anforderungen: Bis zur Alp Tavrü bequemer Almweg ohne sonderliche Steigungen, zum Gipfel ungefährlicher Steig, der jedoch teilweise schmal ist und zudem etwas ausgesetzt einen steilen Hang quert.
Einkehr und Unterkunft: Erst nach dem Ende der Wanderung in den gemütlichen Gasthäusern »Crusch Alba« oder »Mayor« im Sommerdörfl S-charl.

Viele Wege im Nationalpark sind in der Hauptsaison hoffnungslos überlaufen. Auf unserem Wandervorschlag geht es im allgemeinen ruhiger zu. Vom Mot Tavrü bietet sich die Möglichkeit, von einem einsamen Gipfel aus Tiere im Nationalpark zu beobachten. Die Mitnahme eines Fernglases ist zu empfehlen.
Vom Parkplatz vor dem Sommerdorf **S-charl** geht man auf dem Fahrweg ein kurzes Stück talauswärts. Links steht eine kleine Wegtafel: *»Tavrü«*. Der Steig

Im Hintergrund der mächtige Piz Tavrü. Der Weg zum wesentlich gemütlicheren Mot Tavrü verläuft zunächst im Talboden, dann im Hang, der im rechten Bildteil sichtbar ist.

führt uns durch Wald und über eine Wiese zu einem breiten, bequemen Waldweg. Er folgt dem linken Ufer (im Anstiegssinne) etwas oberhalb des Baches talein. Der schmale Fußpfad am anderen Bachufer ist teilweise unterbrochen und nicht zu empfehlen. Noch vor dem Talschluß überquert man den Bach und erreicht in einigen Kehren die schön gelegene **Alp Tavrü**. Von der Alp Tavrü an ist der Steig zwar schmal, aber markiert und nicht zu verfehlen. Über ihn erreicht man, weit nach links ausholend, den Gratrücken und damit die Grenze zum Nationalpark. Hier wird man – wie üblich – mit einer umfangreichen Informationstafel und einem markierten Rastplatz mit den Verhaltensregeln im Nationalpark vertraut gemacht. Über den Rücken wandert man unschwierig weiter zum **Gipfel**.
Der **Abstieg** folgt dem Aufstieg. Kurz bevor man den Talboden erreicht, muß man darauf achten, die Abzweigung nach rechts (kein Hinweisschild) nicht zu verfehlen. Verfolgt man den breiten Almweg bis zur Fahrstraße, ergibt das einen Umweg von etwa 20 Minuten.

16 Sur il Foss, 2317 m

Von S-charl in den Nationalpark und durch das wild-romantische Plavnatal zum Schloß Tarasp

S-charl (Mingèrbrücke) – Sur il Foss – Vulpera

Talort: Scuol, 1243 m. Siehe S. 22.
Ausgangspunkt: Mingèrbrücke (1664 m) an der Straße nach S-charl; hierher mit PTT-Bus von Scuol (Linie 960.60) oder (ungünstiger, weil man sein Auto hier wieder abholen muß) mit eigenem PKW (Parkplatz).
Gehzeiten: Mingèrbrücke – Sur il Foss 2¼ Std., Sur il Foss – Funtana 2¾ Std., Funtana – Vulpera ¾ Std., Vulpera – Scoul ¼ Std.; Gesamtzeit 6 Std.
Höhenunterschied: 653 Hm im Aufstieg, 1037 Hm im Abstieg.
Anforderungen: Gut markierter Wanderweg ohne besondere Schwierigkeiten, beim Anstieg zum Sattel und beim Abstieg zur Alp Plavna etwas steil. Der Weiterweg durch das lange Plavnatal bis nach Funtana ist bequem und weist kein starkes Gefälle auf.
Einkehr und Unterkunft: Am Ende der Wanderung in Funtana oder Vulpera.

Über die **Brücke**, dann kurz talab, bevor der Wanderweg ins Mingertal einbiegt. Dieses Tal verfolgt man und erreicht, zuletzt ziemlich steil, **Sur il Foss** (2317 m), einen aussichtsreichen Sattel, zugleich Grenze zum Nationalpark. Beeindruckend ist vor allem der Nahblick zum Piz Plavna Dadaint, einer der prachtvollsten Berggestalten im Nationalpark. Sehr schön ist auch der Blick hinüber auf den Piz Sesvenna und die Dreitausender rund um S-charl.

Oben: Im Mittelgrund der breite Sattel Sur il Foss. Die schöne Pyramide im Hintergrund ist der Piz Plavna Dadaint.
Links: Das Schloß Tarasp von seiner schönsten Seite – vom Dorfplatz des Weilers Sparsels.

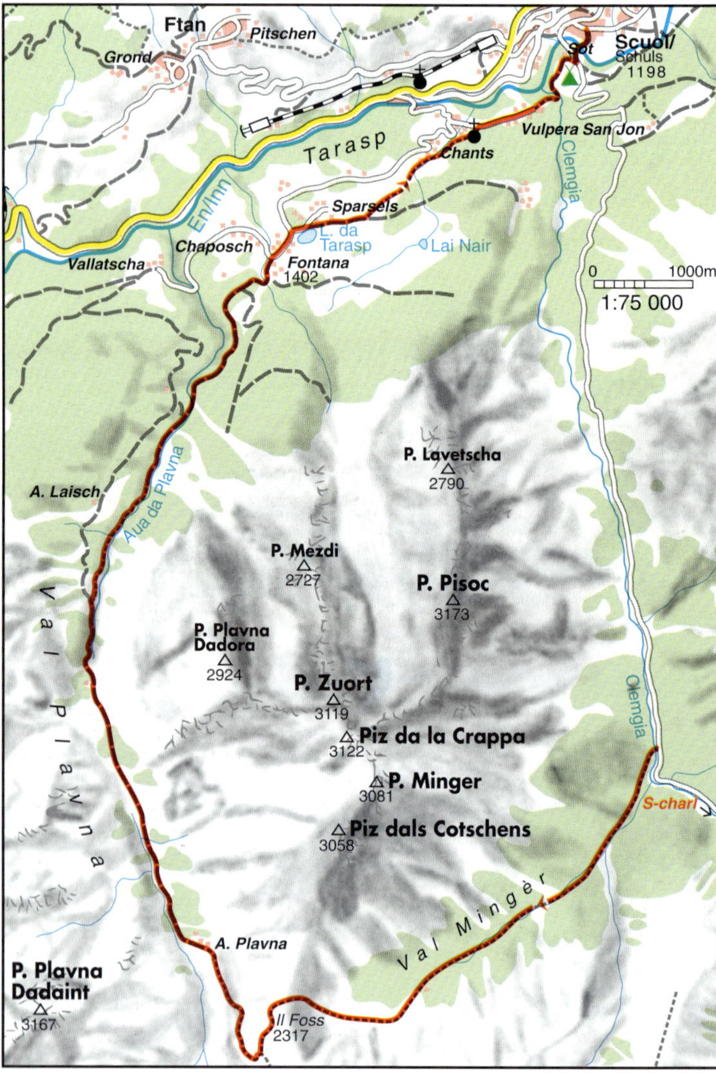
Ftan
Pitschen
Grond
Scuol/
Schuls
1198
Sot
Vulpera San Jon
Chants
Tarasp
Clemgia
Sparsels
En/Inn
L. da
Tarasp
Lai Nair
Chaposch
Vallatscha
Fontana
1402
0
1000m
1:75 000
P. Lavetscha
2790
Aua da Plavna
A. Laisch
P. Mezdi
2727
P. Pisoc
3173
P. Plavna
Dadora
2924
P. Zuort
3119
Piz da la Crappa
3122
P. Minger
3081
Clemgia
S-charl
Piz dals Cotschens
3058
Val Plavna
Val Mingèr
A. Plavna
P. Plavna
Dadaint
3167
Il Foss
2317

Blickfang am Ende der Wanderung: Schloß Tarasp.

Man verläßt nun den Nationalpark, auf dessen Regeln bzw. Einschränkungen man beim Eintritt eindringlich verwiesen wurde. Er führt über die **Alp Plavna** (2076 m) in den Talboden. Dabei kann man häufig Wild beobachten. Es ist deshalb zu empfehlen, ein Fernglas mitzunehmen.

Im Tal geht es bis **Funtana** und auf der Fahrstraße kurz zum **Tarasper See**. Dem eindrucksvollen Schloß wird man natürlich einen Besuch abstatten und dann über den reizvollen Ort **Sparsels** (vom Dorfbrunnen besonders schöner Blick zum Schloß!) nach **Vulpera** wandern. Wer noch Zeit hat, besucht den schönen Kurpark mit seiner Blumenpracht. In der kleinen Trinkhalle beim Hotel »Vita sana« kann man unentgeltlich die verschiedenen Mineralwässer des Unterengadins verkosten. Nähere Angaben zu Vulpera-Tarasp S. 23.

Mit dem PTT-Bus (Linie 960.55) könnte man nach **Scuol** zurückkehren. Man ist aber schneller zu Fuß, weil man dann unmittelbar zum Inn absteigen und über ein Brücke ins Unterdorf (Scuol sot) zurückkehren kann.

17 Mot Madlain, 2434 m

Reizvolle Kombination von Bergwanderung und Bergwerksbesichtigung

S-charl – Mot Madlain – S-charl

Talort: Scuol, 1243 m. Siehe S. 22.
Ausgangspunkt: Sommerdorf S-charl, 1810 m, 12 km von Scuol. Große Parkplätze vor dem Sommerdörfl. Mit PTT-Bus (Linie 960.60) erreichbar.

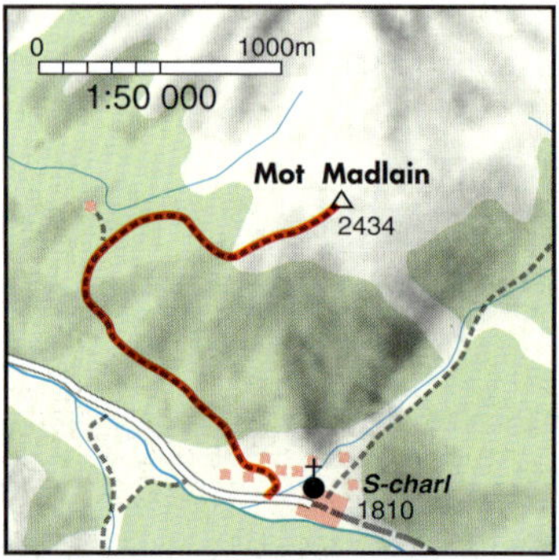

Gehzeiten: S-charl – Mot Madlain 2 Std., Mot Madlain – S-charl 1½ Std.; Gesamtzeit 3½ Std. Interessante Verlängerung: Besichtigung der »Schmelzra« im Talboden und eines Bergwerkstollens unterhalb des Gipfels (Anmeldung und Auskunft im Verkehrsbüro; Führungen jeden Mittwoch). Ein Bergwerksmuseum ist im Aufbau.
Höhenunterschied: 624 Hm.
Anforderungen: Unschwierige Bergwanderung, die nur im Stollen wegen der gebückten Haltung etwas mühsam ist (nur etwa ½ Std.).
Einkehr und Unterkunft: Erst nach der Bergwanderung in den gemütlichen Gasthöfen von S-charl.

Der Mot Madlain (Mot = Kuppe, Hügel) ist dem mächtigen Piz Madlain, einem Dreitausender, vorgelagert. Seit 1991 besteht beim Vorgipfel die Möglichkeit einer Stollenbesichtigung. Die seltene Verbindung einer Bergwanderung mit einem Einblick in das Bergwerkswesen sollte man insbesondere dann nützen, wenn man mit Kindern unterwegs ist.
Am oberen Ende des Parkplatzes vor **S-charl** beginnt der Weg, der zunächst bequem durch den Wald führt und in einem weiten Bogen zur Waldgrenze leitet. Von hier ab wird es zunächst etwas steil, im letzten Teil des Anstiegs geht es jedoch wieder sanft zum **Gipfel** hinauf. Die Aussicht ist nicht so großartig wie von anderen Bergspitzen, denn der Gipfel ist nicht besonders hoch und wird von wesentlich höheren Nachbarn abgedeckt – vom Piz Madlain im Norden, vom Piz Cristanas und dem beherrschenden Piz Sesvenna im Osten, vom Piz Tavrü im Süden und dem Piz Minger im Westen. Er bietet aber einen guten Überblick über die Tourenmöglichkeiten von S-charl. – Der Einbezug der **Bergwerksführung** bedeutet keinen großen zusätzlichen Zeitaufwand. Im Stollen selbst ist man etwa ½ Std. unterwegs.
Im **Abstieg** folgen wir dem Anstiegsweg.

Mot Madlain, der »Bergwerksberg«, darüber der mächtige Piz Madlain.

18 Lajet da Lischana und Lais da Rims

Anstrengender Weg auf eine zauberhafte Hochfläche

S-charl – Fuorcla da l'Aua – Lajet da Lischana – Lais da Rims

In diese eigenartige Hochfläche sind die Seen (Lajet da Lischana und Lais da Rims) eingelagert.

Talort: Scuol, 1243 m. Siehe S. 22.
Ausgangspunkt: Sommerdorf S-charl, 1810 m. Große Parkplätze vor dem Sommerdörfl. Mit PTT-Bus (Linie 960.60) erreichbar.
Gehzeiten: S-charl – Alp Sesvenna 1 Std., Alp – Fuorcla da l'Aua 2¼ Std., Fuorcla – Lajet da Lischana ¼ Std., Abstieg nach S-charl 2½ Std.; Gesamtzeit 6 Std.
Höhenunterschied: 1047 m.
Anforderungen: Ab Alp Sesvenna sehr steil und anstrengend, unterhalb der Fuorcla da l'Aua Trittsicherheit und Schwindelfreiheit erforderlich. Markierung auf der Hochfläche zum Teil spärlich.
Einkehr und Unterkunft: Erst am Ende der Bergwanderung in S-charl.
Varianten: Über die Hochfläche und einen teilweise ausgesetzten Grat zum Piz Lischana (3105 m), 1 Std.; von den Lais da Rims ist ein sehr schöner (und langer) Abstieg durch die Uina-Schlucht und das gleichnamige Tal nach Sur En (östlich von Scuol) möglich, 3½ Std.

Vom Parkplatz über die Brücke ins reizvolle Sommerdörfl **S-charl**. Hier zweigt man nach links ab und wandert auf bequemem Fahrweg zur **Alp Sesvenna**. Auf dem markierten Pfad kurz über die Almwiesen, dann überaus steil zur **Scharte** hinauf. Im letzten Teil Querung mit *Seilversicherung*. Die Scharte ist zugleich unser höchster Punkt: der Abfluß des **Lajet da Lischana** (»Lischana See«, 2857 m). Über die Hochfläche zu einer Wegverzweigung. Bis zu dieser Gabelung ist insbesondere bei schlechter Sicht große Aufmerksamkeit geboten – der Weg ist teilweise kaum ausgeprägt, die Markierungen sind spärlich. Nach links geht es bei der Weggabelung zum Piz Lischana bzw. über die Chamanna Lischana (Lischana Hütte) nach Scuol; nach rechts zu den **Lais da Rims** (Rims Seen, 2687–2732 m) und eventuell weiter durch

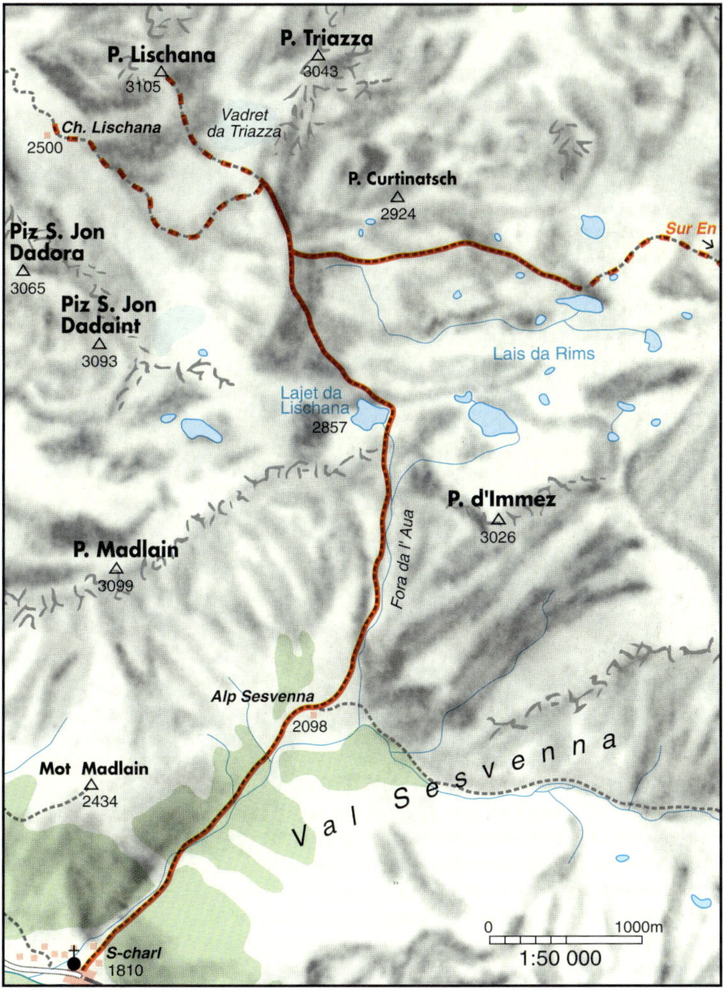

die Uina-Schlucht und das Uinatal nach Sur En. Der Weg führt nur an einem der Seen vorbei (2687 m). Die anderen lassen sich unschwierig, aber weglos (Pfadspuren) aufsuchen. – Der **Rückweg** folgt dem Anstiegswege.

19 Fuorcla Sesvenna, 2819 m

Aussichtsreicher Übergang in das Hochtal von Schlinig

S-charl – Alp Sesvenna – Fuorcla Sesvenna – S-charl

Talort: Scuol, 1243 m. Siehe S. 22.
Ausgangspunkt: Sommerdorf S-charl, 1810 m. Große Parkplätze vor dem Sommerdörfl. S-charl ist mit dem PTT-Bus (Linie 960.60) erreichbar.
Gehzeiten: S-charl – Alp Sesvenna 1 Std., Alp Sesvenna – Fuorcla Sesvenna 2½ Std., Fuorcla Sesvenna – S-charl 2½ Std.; Gesamtzeit 6 Std.
Wer sich damit noch nicht ausgelastet fühlt, kann die interessanten historischen Bergwerksanlagen besuchen. Ein Bergwerksmuseum befindet sich im Aufbau. Wer nach Südtirol absteigen will, darf seinen Reisepaß nicht vergessen.
Anforderungen: Eine bequeme und gemütliche, erst im oberen Teil etwas anstrengende und anspruchsvolle Bergwanderung. Bei guten Witterungsverhältnissen ist sie unschwierig. Wegen der großen Höhe des Zielpunktes sind jedoch stabile Wetterverhältnisse erforderlich. Bei einem Wetterumschwung kann es in diesen Höhen zu starker Abkühlung und zu Schneefällen kommen!
Einkehr und Unterkunft: Erst nach der Bergwanderung in den gemütlichen Gasthöfen von S-charl (»Crusch Alba« und »Major«).
Varianten: Abstieg zur Sesvenna-Hütte (2256 m) des AVS (Südtiroler Alpenverein), 80 Schlafplätze. Reisepaß nicht vergessen! Von hier entweder nach Schlinig und (umständliche) Rückkehr mit öffentlichen Verkehrsmitteln; oder: Von der Sesvenna-Hütte fast eben über den Schlinigpaß wieder in die Schweiz und durch die eindrucksvolle Uinaschlucht und das gleichnamige Tal nach Sur En bei Sent.

Vom Parkplatz vor dem Ortseingang wandert man über die **Brücke** und durch den Weiler. Beim Bärenbrunnen in der Dorfmitte biegt man nach links

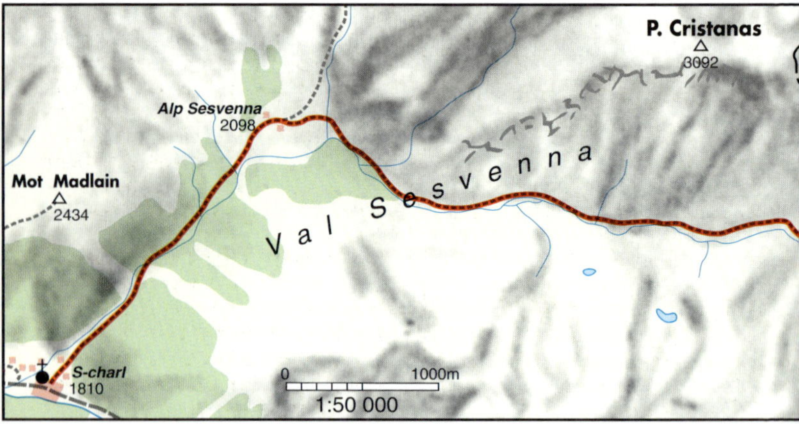

Auf der hellen Wiese im Mittelgrund, rechts vom Bergwanderer mit Diktiergerät, liegt die Alp Sesvenna. Nach rechts zieht das Tal zur gleichnamigen Scharte.

ab. Problemlos erreicht man auf einem bequemen Fahrweg (Fahrverbot) die **Alp Sesvenna**. Auf diesem Weg, der anfangs am orographisch linken Ufer entlangführt, kann man auf der gegenüberliegenden Talseite in den steilen sonnseitigen Flanken häufig Gemsen beobachten.

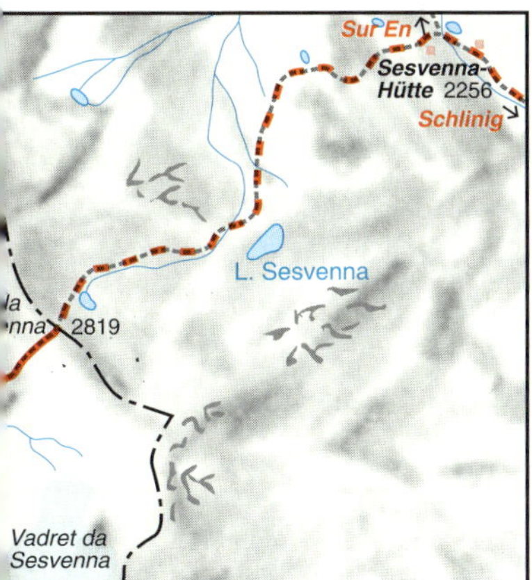

Von der Alp Sesvenna geht es gemütlich oberhalb der Bachschlucht in das Tal hinein. Erst beim Talschluß wird es steil. Durch eine Rinne erreicht man etwas mühsam einen kleinen **See** (2654 m). Über einen Südhang steigt man unschwierig in die **Sesvenna-Scharte** auf.

Der **Abstieg** erfolgt auf dem Anstiegswege. Steigt man nach Südtirol ab, kommt man in einer Stunde zur Sesvennahütte des Alpenvereins Südtirol (2256 m), in einer weiteren zum Bergdorf Schlinig im gleichnamigen Hochtal.

20 Chamanna Cler (Cler-Hütte), 2476 m

Reizvolle Rundwanderung mit prachtvoller Aussicht auf die »Engadiner Dolomiten«

Bos-cha – Maranguns – Chamanna Cler – Muot da l'Hom – Bos-cha

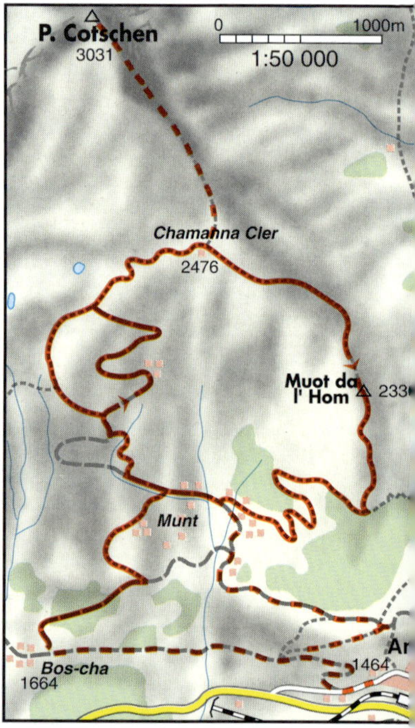

Talort: Ardez, 1432 m. Siehe S. 25.
Ausgangspunkt: Bos-cha, 1664 m. 3 km von Ardez, auf schmaler Bergstraße erreichbar. Zu Fuß 1 Std.
Gehzeiten: Bos-cha – Maranguns 2¼ Std., Maranguns – Chamanna Cler ½ Std., Chamanna Cler – Muot da l'Hom ½ Std., Muot da l'Hom – Bos-cha 1¼ Std.; Gesamtzeit 4½ Std.
Höhenunterschied: 812 Hm.
Anforderungen: Unschwierige Bergwanderung.
Einkehr und Unterkunft: Gasthöfe in Ardez; die Chamanna Cler ist eine private Skihütte, doch ist es möglich, den Schlüssel für eine Nächtigung beim Verkehrsverein zu erhalten.
Variante: Piz Cotschen (3031 m). Schwierig.

Vom Weiler **Bos-cha** steigt man auf einem bequemen und gut markierten Weg zuerst durch lichten Zirben- und Lärchenwald, dann über blumenreiche Bergwiesen zur großen **Alp Maranguns** (2303 m) auf. Hier empfiehlt sich ein Abstecher zu den reizvollen kleinen Bergseen **Lai Lung** und **Lai Raduond**. Die Chamanna Cler sieht man dabei bereits auf dem nahen Höhenrücken.
Vom Lai Raduond muß man deshalb nicht zur Alp Maranguns zurückkehren, sondern kann sich (weglos) etwas rechts halten, bis man den markierten Weg und wenig später die kleine, ungemein aussichtsreich gelegene **Hütte** erreicht. Wie von einer Loge überblickt man von der Terrasse aus die gegenüberliegenden »Engadiner Dolomiten«. Eindrucksvoll ist auch der formschöne Piz Linard, die höchste Erhebung der Silvrettagruppe, in der wir uns auf unserer Rundwanderung befinden.
Unser Weiterweg führt durch ein Pflanzenschutzgebiet, über einen breiten Rücken zum **Muot da l'Hom** (2330 m), einer vorgeschobenen Kuppe in

Die Chamanna Cler mit Blick zu den »Engadiner Dolomiten«.

diesem Rücken. Von hier genießt man einen hübschen Tiefblick in das Tasnatal. Mit den ersten Bäumen erreicht man einen Fahrweg, den man bis zu einer Weggabelung bei einer Linkskurve verfolgt. Hier hält man sich rechts und erreicht in knapp 10 Minuten den Anstiegsweg. Die Runde ist geschlossen. Der letzte Teil des Abstiegs nach **Bos-cha** folgt dem ersten Teil unseres Anstiegs.

Die Runde kann man auch in Ardez selbst beginnen. Sie verlängert sich dadurch um knapp 1½ Std.. Man geht in diesem Falle zu Fuß nach Bos-cha, verläßt beim Abstieg jedoch den Fahrweg bei der erwähnten Linkskurve nicht, sondern kehrt auf diesem Fahrweg nach Ardez zurück.

21 Lai Blau (Blauer See), 2613 m

Weitgehend einsame Rundwanderung zu einem zauberhaften Bergsee mit großartiger Aussicht

Guarda – Alp Sura – Lai Blau – Alp Suot – Guarda

Talort: Ardez, 1432 m. Siehe S. 25.
Ausgangspunkt: Guarda (1653 m). Von Ardez Richtung Oberengadin bis zum Weiler Giarsun. Hier zweigt die gut ausgebaute Bergstraße ab, die nach Guarda führt (3 km von Giarsun, 9 km von Ardez). Der große öffentliche Parkplatz in Guarda befindet sich am westlichen Ortsende und ist gebührenpflichtig. Nach Guarda mit öffentlichen Verkehrsmitteln: Rhätische Bahn (Linie 960) bis zur Haltestelle Giarsun-Guarda. PTT-Bus von »Guarda staziun« nach »Guarda posta« (Linie 960.30).
Gehzeiten: Guarda – Alp Sura 1½ Std., Alp Sura – Lai Blau 1½ Std., Lai Blau – Alp Suot 1¼ Std., Alp Suot – Guarda 1¼ Std.; Gesamtzeit 5½ Std..
Höhenunterschied: 960 Hm.
Anforderungen: Unschwierige Wanderung, die lediglich etwas Trittsicherheit erfordert. Teilweise ist die Route sparsam markiert und sind kaum Wegspuren vorhanden, daher ist auch etwas Orientierungssinn nötig. Bei schlechter Sicht abzuraten.
Einkehr und Unterkunft: Posta veglia (= Alte Post) in Giarsun; Gasthof Meisser (Ortsmitte) und Gasthof Piz Buin (am östlichen Ortsende) in Guarda.

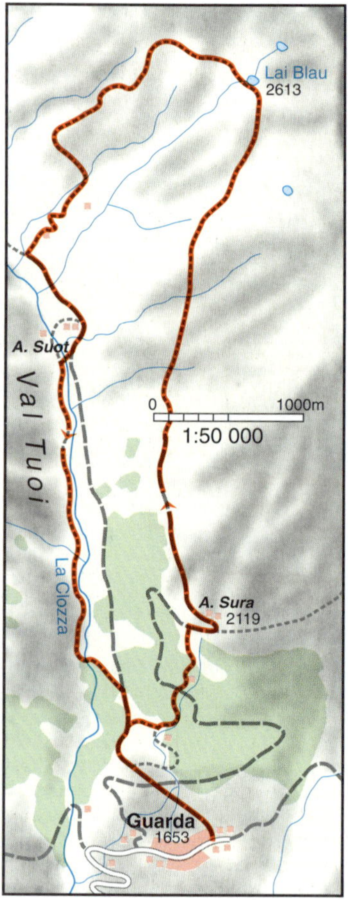

Vom **Parkplatz** wandert man durch den Ort oder bei einem nördlichen Ausgang über Wiesen, dann auf Fahrweg Richtung Chamanna Tuoi (Tuoi Hütte). Nach einer knappen Stunde zweigt man nach rechts zur **Alp Sura** ab (beschildert). Ein schöner Waldweg führt durch lichten Lärchenbestand zur Alm. Sie liegt bereits oberhalb der Waldgrenze. Von

Beim Lai Blau. Im Hintergrund links der Piz Fliana, rechts (in den Wolken) der Kleine und der Große Buin.

der Alm geht man zunächst noch auf einem breiten Almweg den Hang entlang bis zu einer Abzweigung bei einer Hütte (Wegtafel *»Lai Blau«*). Man folgt der teilweise sparsam angebrachten Markierung (auf Steinen, im Almgelände auf Holzpflöcken), die die Hänge ansteigend quert. Zuletzt vorwiegend entlang eines Bachbettes zum **Lai Blau**. Prachtvoller Blick auf Gletscherberge der Silvretta!
Beim **Abstieg** folgt man der hier gleichfalls sehr sparsam angebrachten *roten Markierung* (teilweise weglos, teilweise auf Wegspuren) bis zu einer Hütte (2244 m). Ein breiter Weg führt in den Talboden. Auf der Fahrstraße bis zur **Alp Suot**. Hier verläßt man den Fahrweg, geht zum Bach (La Clozza) hinunter und überschreitet ihn auf einer kleinen Brücke. Auf einem Fußweg immer den Bach entlang bis zu einer Brücke mit Wegweiser *»Guarda«*. Gegenanstieg zum Fahrweg etwa ¼ Std. Im letzten Teil wie beim Anstieg zurück zum **Parkplatz**.

22 Furcletta, 2735 m

Nicht der kürzeste, vielleicht aber der schönste Weg von Guarda nach Ardez

Guarda – Chamanna Tuoi – Furcletta – Alp Valmala – Ardez

Talort: Ardez, 1432 m. Nähere Angaben S. 25.

Ausgangspunkt: Guarda (1653 m). Von Ardez Richtung Oberengadin bis zum Weiler Giarsun. Hier zweigt die gut ausgebaute Bergstraße ab, die nach Guarda führt (3 km von Giarsun, 9 km von Ardez). Die unmittelbare Zufahrt von Ardez über den Weiler Bos-cha ist kurvenreich, teilweise nicht asphaltiert und einspurig. Der große öffentliche Parkplatz in Guarda befindet sich am westlichen Ortsende und ist gebührenpflichtig. Nach Guarda mit öffentlichen Verkehrsmitteln: Rhätische Bahn (Linie 960) bis zur Haltestelle Giarsun-Guarda. PTT-Bus von »Guarda staziun« nach »Guarda posta« (Linie 960.30).

Gehzeiten: Guarda – Chamanna Tuoi 2½ Std., Chamanna Tuoi – Furcletta 1½ Std., Furcletta – Alp Valmala 1½ Std., Valmala – Ardez 2 Std.; Gesamtzeit 7½ Std.

Höhenunterschied: 1082 Hm.

Anforderungen: Gute Ausdauer, Trittsicherheit, Schwindelfreiheit, verläßliches Wetter und gute Sicht erforderlich.

Einkehr und Unterkunft: Chamanna Tuoi der Sektion Engiadina Bassa, 66 Lager; Mehrere Gasthöfe in den Orten Guarda und Ardez.

Von **Guarda** wandert man auf einem Fahrweg ohne Schwierigkeiten, im mittleren Teil mit geringem Höhengewinn, zur gemütlichen **Chamanna Tuoi**, einem wichtigen Stützpunkt für Berg- und Skitouren in der südlichen Silvretta.

Bei der Hütte zweigt unser Pfad nach rechts ab (geradeaus ginge es über den Vermuntpaß nach Österreich zur Wiesbadener Hütte). Er führt an einem kleinen See vorbei und zuletzt steil über Schutt (im Frühsommer unter Umständen Schneefelder) mühsam und anstrengend zur **Furcletta** (= »kleine Scharte«).

War es beim Aufstieg der Piz Buin, ist beim Abstieg die Dreiländerspitze unser Blickfang. Durch das Urezzastal wandern wir, an den Alphütten von **Marangun** vorbei, nach **Urezzas** und zur Einmündung in das Tasnatal. Wenig später erreichen wir die **Alp Valmala**.

Hier wählen wir den rechtsseitigen Weg (Fahrweg am linken Ufer) und wandern die Ostflanke des Piz Cotschen entlang talaus. Dabei beeindruckt vor allem der Piz Plavna Dadora (Pisocgruppe). Bei einer Weggabelung halten wir uns rechts, bleiben damit nicht auf dem Sträßchen, sondern hoch über dem Talboden, und erreichen über **Plan Chamuera** (1808 m) einen Fahrweg, der uns in einer guten halben Stunde nach **Ardez** bringt.

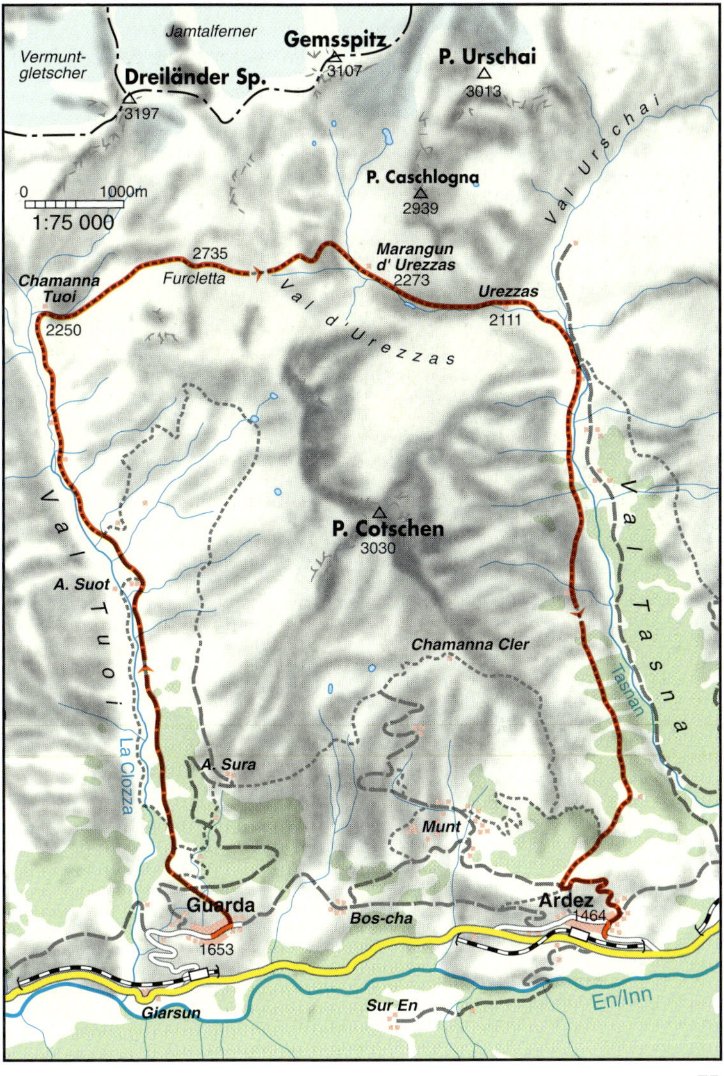
Jamtalferner
Vermunt-
gletscher
Gemsspitz
3107
P. Urschai
3013
Dreiländer Sp.
3197
Val Urschai
P. Caschlogna
2939
0
1000m
1:75 000
2735
Furcletta
Marangun
d' Urezzas
2273
Chamanna
Tuoi
2250
Urezzas
2111
Val d'Urezzas
P. Cotschen
3030
Val Tuoi
A. Suot
Val Tasna
Chamanna Cler
Tasnan
La Clozza
A. Sura
Munt
Guarda
1653
Bos-cha
Ardez
1464
Giarsun
Sur En
En/Inn

23 Chamanna dal Linard (Linard Hütte), 2327 m

Wanderung zum Fuß des mächtigen Piz Linard, des höchsten Silvrettagipfels

Lavin – Chamanna dal Linard – Lavin

Talort: Lavin, 1412 m. Nähere Angaben S. 25.
Ausgangspunkt: Von der Umfahrungsstraße nach Lavin abzweigen und bis zum Dorfbrunnen. Hier bergwärts einbiegen und durch die Unterführung von Bahn und Straße zum Parkplatz für Besucher der Chamanna dal Linard. Zu Fuß von der Haltestelle Lavin der Rhätischen Bahn (Linie 9600) 20 Min.
Gehzeiten: Lavin – Chamanna dal Linard 3 Std., Chamanna dal Linard – Lavin 2½ Std.; Gesamtzeit 5½ Std.
Höhenunterschied: 915 Hm.
Anforderungen: Etwas Trittsicherheit an einer Stelle unterhalb der Chamanna dal Linard erforderlich, sonst durchwegs bequemer Wanderweg.
Einkehr und Unterkunft: Chamanna dal Linard des SAC (Schweizer Alpen Club), von Juni bis Oktober an Wochenenden bewartet, 45 Lager. Gasthöfe in Lavin.
Variante: Sassauta (2499 m) »Hüttengipfel« oberhalb der Chamanna dal Linard, ½ Std. Leicht. – Piz Linard (3410 m), 3½ Std. von der Hütte über die Südflanke. Schwierig. Nur für besonders erfahrene Bergwanderer oder mit Führer.

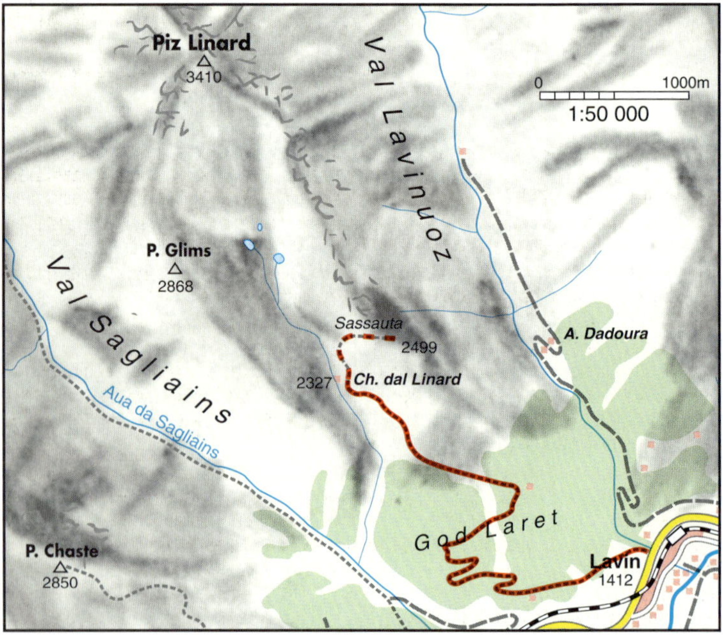

Beim Anstieg zur Chamanna dal Linard. Im Hintergrund der Piz Linard, die höchste Erhebung in der Silvretta.

Vom **Parkplatz** wandert man auf einer Fahrstraße zu einer **Fernseh-Relaisstation**. Nun führt der Weg in Serpentinen, mehrmals eine Forststraße kreuzend, durch Lärchenwald (= God Laret) zu einer auffallenden Lichtung mit einer **Jagdhütte** und einem auffallend großen Holzkreuz (P. 1957). Weiterhin folgt man dem gut bezeichneten Weg in einer langen Hangquerung in das Glimstal. Nach einer Wegbiegung liegt überraschend die **Hütte** vor uns, dahinter als mächtiger und eindrucksvoller Klotz der Piz Linard. Eine felsige Stelle *(keine Versicherungen)* erfordert Trittsicherheit und (insbesondere bei Nässe) etwas Vorsicht.
Die Hütte liegt aussichtsreich hoch über dem Inntal. Sie dient vor allem als Stützpunkt für die Ersteigung des Piz Linard, des höchsten Gipfels der Silvrettagruppe. Er ist gewissermaßen der »Blickfang«. Die Aussicht über das Inntal in die »Unterengadiner Dolomiten« beeindruckt jedoch in gleichem Maße.
Als Gipfel für Wanderer bietet sich eine Kuppe an, die in einer halben Stunde auf Wegspuren erreicht werden kann: **Sassauta** (2499 m). Dieser »Hüttengipfel« erweitert den Ausblick – über dem Lavinuoztal erhebt sich der Piz Fliana (3281 m), nur wenig niedriger als der Piz Buin (3312 m), den er weitgehend abdeckt.
Der **Abstieg** folgt dem Aufstiegsweg.

24 Seengebiet von Macun, 2600 – 2700 m

Eindrucksvolles Seengebiet in einer urweltlichen Landschaft

Pranun – Alp Zeznina Dadaint – Macun – Pranun

Talort: Lavin 1412 m. Nähere Angaben S. 25.

Ausgangspunkt: Von der Umfahrung zweigt man nach Lavin ab, fährt durch enge Gassen zum Inn hinunter. Nun über die schöne gedeckte Holzbrücke, dann nach rechts zum Ortsteil Pranun. Parkmöglichkeit. Von der Haltestelle der Rhätischen Bahn (Linie 960) etwa 20 Minuten.

Gehzeiten: Pranun – Alp Zeznina Dadaint 2 Std., Alp Zeznina Dadaint – Seengebiet Macun 2 Std., Macun – Pranun 3 Std.; Gesamtzeit 7 Std.

Höhenunterschied: 1219 Hm.

Anforderungen: Unschwierige, aber durch ihre Länge und die Steilstufen sehr anstrengede Bergwanderung. Im Seengebiet ist etwas Orientierungssinn erforderlich, wenn man abseits des Weges »auf eigene Faust« erkunden will.

Einkehr und Unterkunft: Erst am Ende der Wanderung in den Gasthöfen von Lavin.

Variante: Über die Fuorcla da Barcli (2850 m) und eine Kuppe (2945 m) kann man zum Munt Baselgia (»Kirchenberg«) und weiter nach Zernez absteigen. Etwa 2 Std. länger. Rückkehr nach Lavin mit der Rhätischen Bahn (Linie 960).

Der Seenkessel von Macun zählt zu den schönsten Gebirgslandschaften des Unterengadins. Die höchsten Gipfel seiner Umrahmung überschreiten die Dreitausendermarke.

Im Seenkessel von Macun, im Hintergrund die Silvretta.

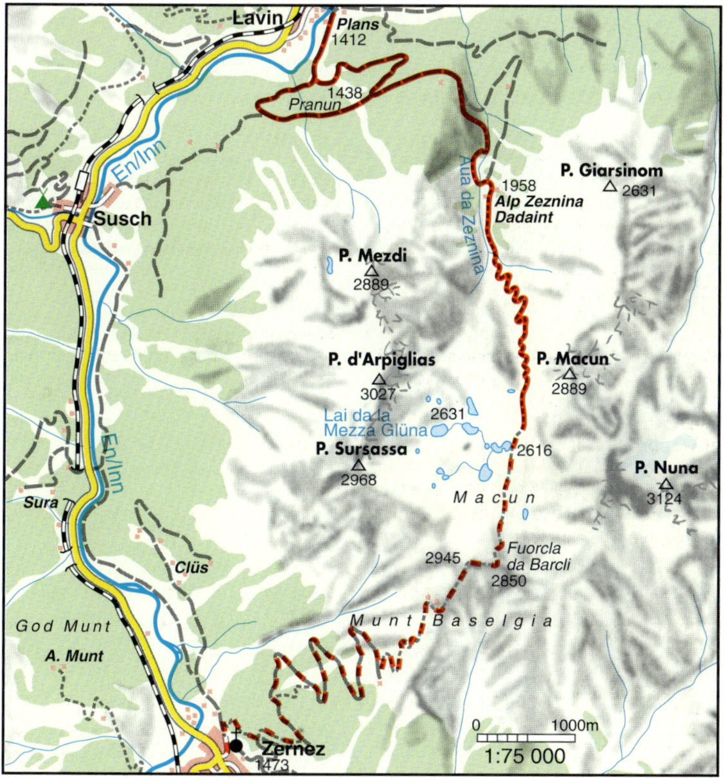

Vom **Parkplatz** wandert man auf einem bequemen Weg zuerst über Wiesen, dann durch Wald zur **Alp Zeznina Dadaint** (= Innere Zeznina Alm). Von der Alm geht es zunächst noch bequem zum Talschluß, dann steil und mühsam in vielen Kehren durch eine Mulde zum Hochplateau, in das die **Seen** eingelagert sind. Der markierte Weg führt etwas oberhalb der Seen vorbei. Auf Wegspuren lassen sich die verschiedenen Seen besuchen. Der größte von ihnen liegt in einer Höhe von 2631 m. Von der Hochfläche hat man eine großartige Aussicht nach Norden, insbesondere schöne Einblicke in die Silvretta. Nach den anderen Himmelsrichtungen ist der Blick durch Gipfel, die knapp über oder unter 3000 m hoch sind und den Seenkessel umgrenzen, verstellt. – Der **Abstieg** folgt dem Anstiegsweg.

25 Flüela Schwarzhorn, 3146 m

Leichter und kurzer Weg auf einen Dreitausender mit Rundum-Fernsicht

Flüelapaß – Schwarzhornfurgga – Schwarzhorn – Flüelapaß

Blick vom Gipfel des Schwarzhorns auf das gegenüberliegende Weißhorn..

Von der **Paßstraße** wandert man auf einem gut markierten, gepflegten Weglein in einem weiten Bogen um den Schwarzchopf (2605 m) herum zur **Schwarzhornfurgga** (2883 m). Von der Scharte geht es über den Südostrücken hinauf, zunächst steil und felsig, aber ohne besondere Schwierigkeiten. Der Rücken neigt sich dann zurück und es geht erstaunlich einfach zum **Gipfel** weiter, den neuerdings ein großes Kreuz ziert. Das Flüela Schwarzhorn ist einer der schönsten Aussichtspunkte des Unterengadins. Neben prachtvollen Nahblicken – z. B. Piz Vadret, Piz Sarsura – herrlicher Blick zum Piz Kesch, in die Ortler- und Berninaalpen.

Im **Abstieg** folgen wir dem Anstiegsweg. Oder: Etwas unterhalb der Scharte zweigt ein Weg ab, der unterhalb des Piz Radönt bzw. des Radöntgletschers (Vadret da Radönt) quert und in einem weiten Bogen zurück zu unserem Ausgangspunkt führt. ½ Std. länger.

Talort: Susch, 1426 m. Nähere Angaben S. 25.
Ausgangspunkt: Von Susch auf der Straße zum Flüelapaß bis in eine Höhe von ca. 2330 m, etwa 1 km vor dem Hospiz. Neben der Straße gute Parkmöglichkeiten. Der Weg ist gut zu sehen, auch fehlt ein Hinweisschild »Schwarzhorn« nicht. Zum Flüelapaß auch mit dem PTT-Bus (Linie 910.75). Beim Hospiz oder in Chantsura aussteigen – unsere Abzweigung liegt in der Mitte zwischen den beiden Haltestellen, von denen aus sie in 10 Minuten (Hospiz) bzw. 20 Minuten (Chant Sura) erreicht wird.
Gehzeiten: Abzweigung von der Paßstraße – Schwarzhornfurgga 2 Std., Schwarzhornfurgga – Schwarzhorn 1 Std., Schwarzhorn – Paßstraße 2 Std.; Gesamtzeit 5 Std.
Anforderungen: Verhältnismäßig unschwierige Wanderung auf teilweise schmalem Steiglein. Am Ansatz des Gratrückens (ab der Scharte) reichlich steil, aber nie ausgesetzt. Wegen der bedeutenden Höhe sind stabile Wetterverhältnisse erforderlich. Ein Wetterumschwung kann auch im Hochsommer mit Kälte, Sturm und Schneefällen verbunden sein!
Höhenunterschied: 816 m.
Einkehr und Unterkunft: Erst nach der Wanderung im Hospiz auf dem Flüelapaß (2383 m) oder im Talort Susch.
Varianten: Unterhalb der Schwarzhornfurgga kann man (weglos, lediglich Pfadspuren) unschwierig, aber etwas mühsam, auch das Radüner Rothorn (3022 m) ersteigen. Von der Scharte etwa 40 Minuten.

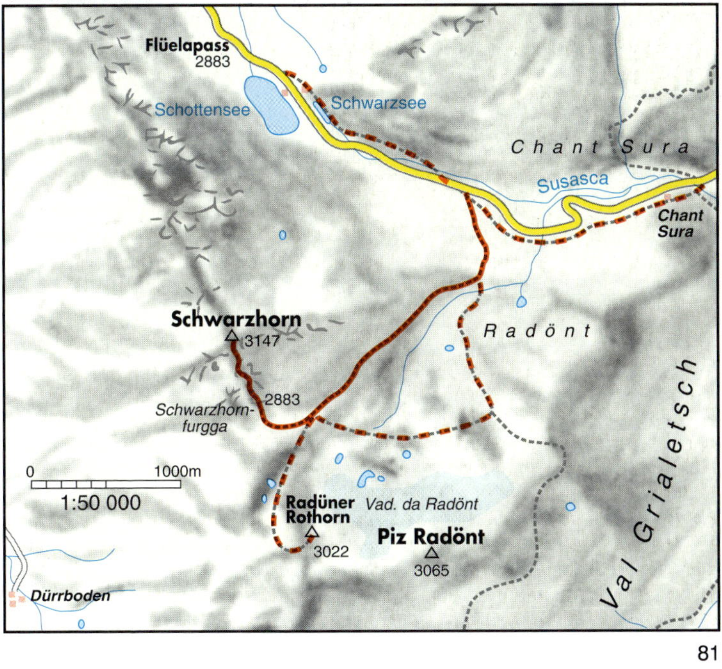

26 Piz Chastè, 2850 m

Aussichtskanzel hoch über dem Inntal

Röven – Murtera – Piz Chastè – Susch

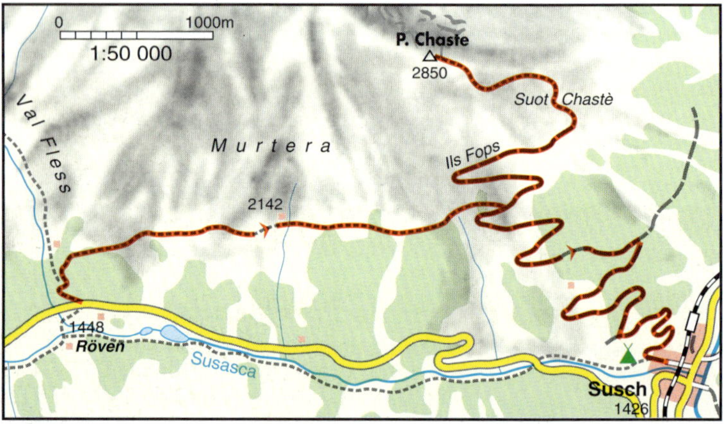

Talort: Susch, 1426 m. Siehe S. 25.
Ausgangspunkt: Röven, 1848 m. Hierher von Susch auf der Straße zum Flüelapaß. Parkmöglichkeit, PTT-Bus (Linie 910.45).
Gehzeiten: Röven – Alp Fless Dadoura ½ Std., Alp Fless Dadoura – Murtera ½ Std., Murtera – Suot Chasté ½ Std., Suot Chastè – Piz Chastè 1½ Std., Piz Chastè – Susch 2½ Std.; Gehzeit für die gesamte Tour 5½ Std.
Höhenunterschied: 1002 Hm
Anforderungen: Bis Suot Chastè leichte Bergwanderung, über den Rücken zum Gipfel Trittsicherheit erforderlich. Abstieg im unteren Teil auf einer Forststraße. Teilweise sparsame Markierung.
Einkehr und Unterkunft: Erst am Ende der Wanderung in Susch.

Der Piz Chastè ist lediglich ein Vorgipfel des Piz Murtera (3044 m). Wegen seiner vorgeschobenen Lage ist er jedoch ein prachtvoller Aussichtsberg.
Von **Röven** steigt man zunächst kurz durch das Flesstal zur **Alp Fless Dadoura** (1952 m) auf. Hier zweigt ein Weg nach rechts ab, der uns oberhalb der Waldgrenze durch schöne Almböden in einer langen Querung über Murtera zur Forststraße führt. Auf dieser weiter über Ils Fops nach **Suot Chastè** am Ansatz des Südostrückens unseres Gipfels. Über diesen Rükken, zuletzt unschwierig durch felsdurchsetztes Gelände, zum höchsten Punkt des **Piz Chastè**.
Hier bietet sich ein eindrucksvoller Nahblick auf den prächtigen Piz Linard (3411 m), die höchste Erhebung der Silvretta. Nach Süden blicken wir zur

Der Piz Chastè ist der Bergrücken links. Beherrschend der Piz Linard.

Grialetschgruppe im Norden der Albulaalpen, nach Südosten zu den Gipfeln, die den eigentümlichen Talkessel umrahmen, in den die Macun-Seen eingelagert sind. Auch Gipfel des Nationalparks werden sichtbar, von denen besonders der Piz Quattervals (3165 m) beeindruckt. Der Piz Chastè ist aber vor allem bekannt für seinen prächtigen Blick zu den Eisriesen der Berninaalpen. Der Weiterweg über die Gratverbindung zum nahen Piz Murtera ist auch bergerfahrenen Wanderern nicht zu empfehlen. Er ist nicht besonders schwierig, aber sehr lang und ungemein brüchtig.

Der **Abstieg** folgt dem Anstiegswege bis zur Abzweigung (Hinweisschild) am Beginn der langen Querung. Ein bequemer Weg (im unteren Teil, ab 1800 m Forststraße) führt in Kehren durch den lichten Wald nach Susch hinunter.

27 Chamanna da Grialetsch, 2542 m (Grialetsch-Hütte)

Schöne und genußreiche Rundwanderung mit prächtigen Ausblicken

Flüelapaß – Fuorcla Radönt – Chamanna da Grialetsch – Röven

Über den Sattel links vom düsteren Piz Radönt führt unser Weg zur Grialetschhütte.

Talort: Susch, 1426 m. Siehe S. 25.
Ausgangspunkt: Von Susch zum Flüelapaß bis in eine Höhe von etwa 2330 m, etwa 1 km vor dem Hospiz. Schild »Chamanna da Grialetsch«. Flüelapaß ist auch mit PTT-Bus erreichbar (Linie 910.45).
Gehzeiten: Flüelapaß – Fuorcla Radönt 2 Std., Fuorcla Radönt – Chamanna da Grialetsch ½ Std., Chamanna – Röven 2 Std.; Gesamtzeit 4½ Std.
Höhenunterschied: 458 Hm.
Anforderungen: Gut markiertes, teils schmales Weglein, keine besonderen Schwierigkeiten. Wegen der bedeutenden Höhe stabiles Wetter erforderlich.
Einkehr und Unterkunft: Chamanna da Grialetsch des SAC (Schweizer Alpen Club), bewirtschaftet von Juli bis Mitte Oktober. 66 Lager. Tel. 081/463436.
Variante: Von der Grialetsch-Hütte kann man nach Dürrboden (2007 m) im Dischmatal absteigen (1 Std.). Mit PTT-Bus (Linie 910.65) nach Davos (Auskunft einholen: Tel. 081/452121).

Vom **Flüelapaß** wandert man in Richtung Schwarzhorn. Nach etwa ½ Std. zweigt unser Weg *(Hinweisschild)* nach links ab. Er quert unterhalb des Piz Radönt und des Vadret da Radönt (Gletscherrest) eine große Mulde. In geringer Steilheit führt er uns dann zur **Fuorcla Radönt** (2788 m) hinauf.
Von der Scharte steigen wir kurz ab. Nun beginnt eine lange Querung. In teilweise ziemlich steilen Hängen steigt man zur **Fuorcla da Grialetsch** (2537 m) ab und erreicht kurz darauf die **Chamanna da Grialetsch**.
Von der Hütte in den Talboden hinunter. Man folgt der Aua da Grialetsch im gleichnamigen Tal (Val Grialetsch) bis zur Vereinigung mit dem Haupttal (Susasca) bei der **Alp d'Immez** (1971 m). Weiter im Haupttal bis zu einem

Brücklein (1905 m). Hier führt ein markierter Weg in leichtem Anstieg zur Paßstraße hinauf, die man bei P. 1944 erreicht. Auf der Straße etwa ½ Std. bis zur Haltestelle des PTT-Busses bei **Röven**. Will man sich den Straßenmarsch ersparen, überquert man den Bach nicht bei dieser Brücke, sondern bleibt am rechten Ufer bis zur nächsten Brücke bei der Alp Pra Dadoura (1808 m) und zur Haltestelle. Mit dem PTT-Bus (Linie 910.45) zurück zum **Flüelapaß** oder nach Susch. – Hält man sich ab der Alp Grialetsch (2149 m) weiter auf der linken Talseite, kann man aufsteigend Chant Sura (PTT-Haltestelle) bzw. den Ausgangspunkt erreichen.

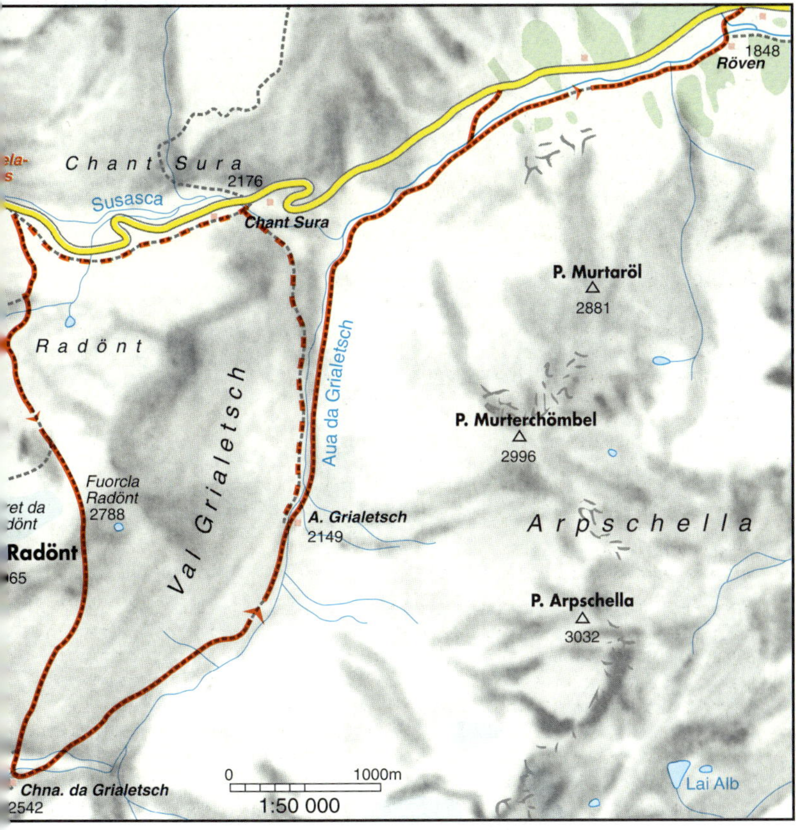

28 Vereinapaß, 2585 m

Wanderung durch zwei einsame und urtümliche Bergtäler

Röven – Vereina – Inntal zwischen Lavin und Susch

Talort: Susch, 1426 m. Siehe S. 25.
Ausgangspunkt: Von Susch auf der Straße zum Flüelapaß nach Röven (1848 m). Haltestelle des PTT-Busses (Linie 910.45). Parkmöglichkeit. Hierher zu Fuß von Susch 2 Std., wobei man die Fahrstraße weitgehend vermeiden kann.
Gehzeiten: Röven – Vereinapaß 3 Std., Vereinapaß – Susch 3 Std.; Gesamtzeit 6 Std.
Höhenunterschied: 737 Hm.
Anforderungen: Unschwierige, aber lange Bergwanderung auf teilweise schmalen, sparsam markierten Wegen.
Einkehr und Unterkunft: Erst am Ende der Wanderung in den Gasthöfen von Susch.
Varianten: Vom Flesspaß durch das Süsertal zum Berghaus Vereina (1½ Std., leicht). Weiter nach Klosters. Rückkehr mit der Rhätischen Bahn (Linie 910) und dem PTT-Bus (Linie 910.75). – Von der Alp Fless Dadaint über den Jörifesspaß zu den malerischen Jöriseen und über die Winterlücke zum Wägerhaus auf der Davoser Seite des Flüelapasses (mittelschwer, 4 Std.). Rückkehr zum Ausgangspunkt mit dem PTT-Bus (Linie 910.75).

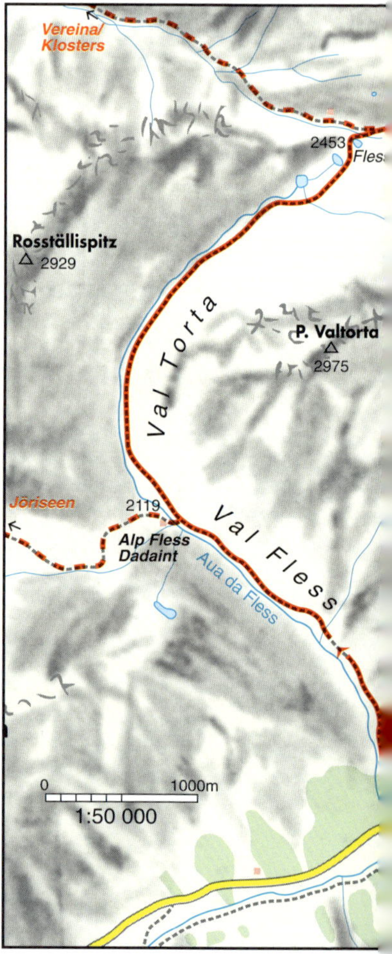

Wer die Alpen für überlaufen hält, wird auf dieser Wanderung eines Besseren belehrt. Sie führt in großer Einsamkeit durch das Flesstal zum Vereinapaß (etwas vor der Paßhöhe wäre ein Abstieg zum Berghaus Vereina und nach Klosters möglich) und durch das ursprüngliche Sagliainstal an der mächtigen Westflanke des Piz Linard vorbei ins Inntal.

Von **Röven** (hier mündet das Flesstal in das Haupttal ein) wandert man auf breitem Weg zur **Alp Fless Dadoura** (= Äußere Fless Alm) und mit mäßigem Höhengewinn zur **Alp Fless Dadaint** (= Innere Fless Alm). Bei einigen kleinen Bergseen erreicht man den **Flesspaß**. Weiter sehr flach zum **Vereinapaß**.

In den einsamen Bergtälern wird man häufig Wild beobachten können. Mit zunehmender Höhe weitet sich die Aussicht, eindrucksvoll ist insbesondere der Nahblick auf den Piz Linard, den höchsten Gipfel der Silvrettagruppe. Vom Vereinapaß holt man zunächst nach links aus und steigt – nunmehr etwas steiler – in den Talboden hinunter. Neben der Aua da Sagliains (Sagliains = Wasserfälle) geht es auf der rechten Talseite bis ins Inntal hinab.

Das Bild wurde auf der im Text erwähnten Variante über die Jöriseen aufgenommen. Im Hintergrund Silvrettagipfel.

Hält man sich bei einer Weggabelung (1714 m) rechts, kann man um den Bergrücken herum querend, zuletzt auf der Forststraße, unmittelbar nach **Susch** zurückkehren. Nach Röven mit PTT-Bus.

29 Piz Champatsch, 2945 m

Einsamer Nachbar des vielbesuchten Schwarzhorns – ein Gipfel für erfahrene Bergwanderer

Chant Sura – Piz Champatsch – Chant Sura

Talort: Susch, 1426 m. Siehe S. 25.
Ausgangspunkt: Auf der Straße zum Flüelapaß nach Chant Sura (2176 m).

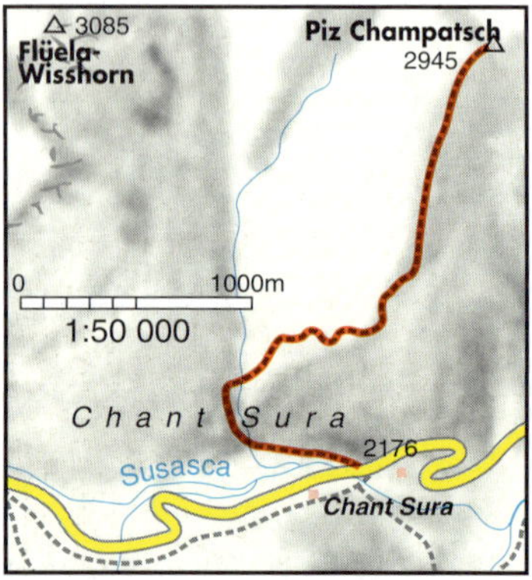

Kennzeichen: Links der Straße steht ein auffallendes Wegmacherhaus mit Garagen für Straßenfahrzeuge. Knapp vorher großer Parkplatz. Hierher auch mit PTT-Bus (Linie 910.75, Haltestelle unmittelbar am Ausgangspunkt).
Gehzeiten: Chant Sura – Piz Champatsch 2½ Std., Piz Champatsch – Chant Sura 2 Std.; Gesamtzeit 4½ Std.
Höhenunterschied: 769 Hm.
Anforderungen: Trittsicherheit und einiges Orientierungsvermögen, da teilweise Markierungen fehlen und nur Wegspuren vorhanden sind. Nur bei guter Sicht und stabilen Wetterverhältnissen unternehmen! Bei einem Wetterumschwung muß man auf einem Beinahe-Dreitausender mit Stürmen und Schneefällen rechnen.
Einkehr und Unterkunft: Nur im Talort Susch oder (näher) im Hospiz auf dem Flüelapaß (2383 m).

Wer den Trubel am berühmten und daher vielbesuchten Schwarzhorn auf der gegenüberliegenden Talseite scheut oder diesen Gipfel bereits kennt, ist mit dem Fast-Dreitausender Piz Champatsch (Champatsch etwa »schlechtes Feld«) gut beraten. Viel schwieriger geht es dabei auch nicht zu: Im unteren Teil Weg, später Wegspuren, nur über den Gratrücken muß man sich dann selbst zurechtfinden.
Vom Parkplatz bei **Chantsura** wandert man auf auf einem nicht markierten, aber deutlich erkennbaren Weg zur breiten Südwestflanke unseres Gipfels. Über diese Flanke erreicht man – nur mehr auf Wegspuren – in mittelsteilem bis steilem Anstieg den Südrücken. Hier muß man sich selbst zurechtfinden. Der Gratrücken führt zu einem vorgeschobenen Punkt (2784 m) und, zuletzt über unschwierige Blöcke, zum **Gipfel**. Die Aussicht steht derjenigen vom Schwarzhorn kaum nach. Sie richtet sich im Süden auf die Albulaalpen (nahe liegt die Grialetschgruppe mit dem Schwarzhorn) und die Gipfel der Bernina. Ganz besonders beeindruckt jedoch der Blick nach Norden in die Silvretta – mit dem im wahrsten Sinne des Wortes herausragenden Piz Linard, dem höchsten Gipfel dieser Gebirgsgruppe.
Im **Abstieg** folgen wir unserer Anstiegsroute.

Blick zum Piz Champatsch, einem einsamen Fast-Dreitausender im Tourenbereich des Flüelapasses.

30 Murtaröl, 2579 m

Eine der schönsten und aussichtsreichsten Wanderungen im Schweizerischen Nationalpark!

Zernez – Murtaröl – Zernez

Talort: Zernez, 1473 m. Siehe S. 27.
Ausgangspunkt: Von Zernez kurz in Richtung Ofenpaß. Parkplatz rechts von der Straße vor einer alten Holzbrücke (1485 m). Eingang zum Nationalpark (Informationstafel).
Gehzeiten: Zernez – Murtaröl 3½ Std., Abstieg 2½ Std.; Gesamtzeit 6 Std.
Höhenunterschied: 1094 Hm.
Anforderungen: Unschwierige, aber teilweise steile und anstrengende Bergwanderung auf gut markierten Wegen.
Einkehr und Unterkunft: Erst am Ende der Wanderung in Zernez.

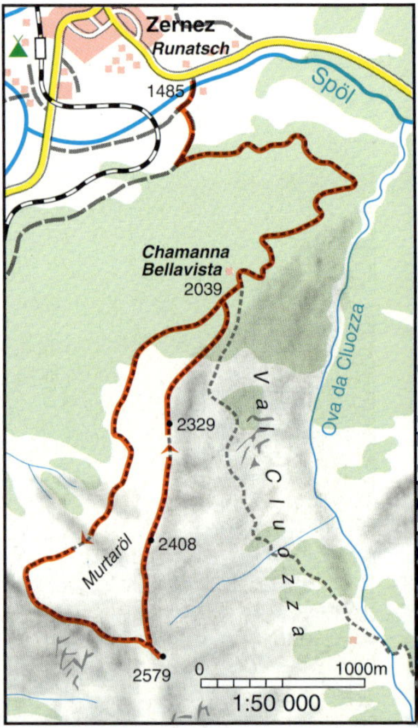

Vom **Parkplatz** wie beim Anstieg zum **Nationalparkhaus Cluozza** über die alte Holzbrücke und auf einer Fahrstraße nach rechts durch Wiesen, bald aber durch Wald – vor allem Zirben (Arven) und Lärchen. Nach einer halben Stunde verschmälert sich die Straße zu einem breiten, aber rauhen Fußweg. Wenig später stoßen wir auf einen schlichten **Gedenkstein**: »Paul Sarasin, dem Vorkämpfer des Naturschutzes, in Dankbarkeit«. Der Hintergrund der Gedenkstätte ist umso eindrucksvoller: Blick ins Cluozzatal mit mächtigen Gipfeln, darunter der Piz Quattervals. Bei einer Abzweigung führt der Weg nach links ins Cluozzatal. Wir wenden uns nach rechts – Richtung Bellavista und Murtaröl. Die **Chamanna Bellavista** ist ein Blockhaus in 2039 m Höhe, ein prachtvoller Aussichtspunkt.
Unser Weg führt uns nach rechts in einer langen Querung die Ostflanke entlang. Dabei besticht der Blick hinab ins Inntal und zu den Albulaalpen, aber auch nach Norden in die Silvretta mit dem Piz Linard. Bei unserer letzten Erkundung haben wir hier übermütige Junggemsen bei ihren Spielen beobachtet. Zuletzt geht es doch noch einmal ordentlich bergauf. Wir

erreichen den Höhenrücken **Murtaröl** (etwa »kleine, hochgelegene Alpweide«) und – kurz nach rechts über den Rücken – das Ende der erlaubten Route bei einem großen Steinmann.
Unser **Abstieg** führt nicht mehr über die Flanke, sondern aussichtsreich über den Höhenrücken, bis wir kurz vor der Chamanna Bellavista wieder den Anstiegsweg und über ihn den Parkplatz erreichen.

Auf dem Abstieg von Murtaröl. Im Hintergrund die Silvretta, auffallend der Piz Linard.

31 Munt Baselgia, 2682 m

Anstrengender Weg zu einer Aussichtskanzel hoch über Zernez

Zernez – Munt Baselgia – Zernez

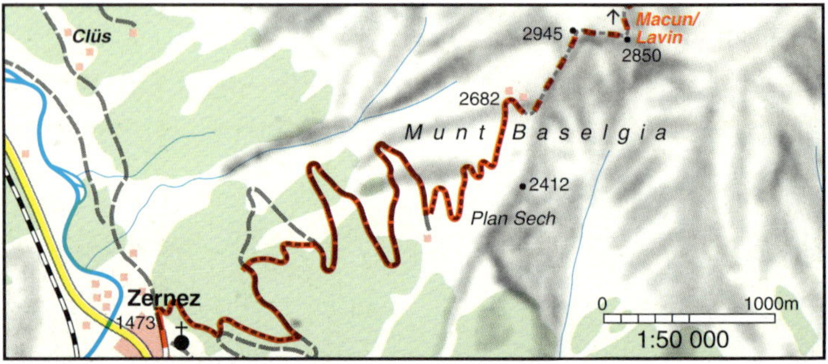

Talort/Ausgangspunkt: Zernez, 1473 m.
Gehzeiten: Zernez – Munt Baselgia 3½ Std., Abstieg 2½ Std.; Gesamtzeit 6 Std.
Höhenunterschied: 1209 Hm.
Anforderungen: Bis zum Ende der Alpstraße bequemer Wanderweg, dann steiler Anstieg. Ein gehöriges Maß an Kondition, etwas Trittsicherheit und Orientierungssinn sind erforderlich.
Einkehr und Unterkunft: Erst am Ende der Wanderung in Zernez.
Variante: Über das Seengebiet von Macun nach Lavin – 2 Std. länger.

Die Schönheiten von **Zernez** zeigen sich nicht bei der Durchfahrt, wohl aber, wenn man durch den Ort zur etwas oberhalb gelegenen Kirche wandert. Da ist man überrascht über die große Zahl schöner Engadiner Häuser! Man sollte auch nicht versäumen, die Kirche und die alte Kirche San Sebastian zu besuchen. Nach der hübschen Birkenallee unterhalb der Kirche geht es leicht abwärts Richtung Inn. Wir stoßen auf eine Wegverzweigung und folgen dem Hinweisschild *»Munt Baselgia«* nach rechts. Auf dem Fahrweg am Wasserwerk (Reservuar Vallatscha) vorbei zum Ende der Asphaltstraße.
Von nun ab führt ein hübscher Fußweg neben dem Alpsträßchen, dieses immer wieder kreuzend, in die Höhe. Es ist der frühere Alpweg aus nicht-motorisierter Zeit, der uns zum »Kirchenberg« (= Munt Baselgia) geleitet. Dadurch kommt es auch zu einer für beide Teile angenehmen Trennung zwischen Wanderern und Bergradlern, für die diese Alpstraße freigegeben wurde. Wir erreichen die Waldgrenze und steigen in der Südwestflanke unseres Berges zu dem Rücken auf, der von P. 2945 herabzieht. Über den Rücken erreichen wir unseren **Gipfel**, der eigentlich nur eine vorgeschobene Kuppe in diesem Rücken darstellt.
Im **Abstieg** folgen wir dem Anstiegsweg.

Die frühbarocke Kirche von Zernez steht etwas oberhalb des Dorfes.

Trittsichere und ausdauernde Wanderer können über einen steilen, etwas felsdurchsetzten Rücken ohne besondere Schwierigkeiten, an Lawinenverbauungen vorbei, zu **P. 2945** aufsteigen, einer Erhebung in dem Kamm, der die Macunseen umschließt. Eine anstrengende Tageswanderung ergibt sich, wenn man von P. 2945 zur Fuorcla da Barcli (2850 m) und weiter zu den Macunseen absteigt. Über die Alp Zeznina Dadaint (1958 m) erreicht man Lavin (1412 m). Mit der Rhätischen Bahn (Linie 960) zurück nach Zernez.

32 Fuorcla Stragliavita, 2687 m

Auf anspruchsvollem Weg von der Alp Laschadura nach Ardez

Ova Spin – Alp Laschadura – Fuorcla Stragliavita – Sur En

Das Laschaduratal ist gut einsehbar. Zur Fuorcla Stragliavita steigt man vom Talschluß links haltend auf. Noch weiter links der Piz Nuna.

Talort: Zernez, 1473 m. Siehe S. 27.
Ausgangspunkt: Ova Spin, 1886 m, an der Straße zum Ofenpaß, 11 km von Zernez; hierher auch mit dem Postbus (Linie 910.75).
Gehzeiten: Ova Spin – Alp Laschadura 1 Std., Alp Laschadura – Fuorcla Stragliavita 2 Std., Fuorcla Stragliavita – Alp Sampuoir 2 Std., Alp Sampuoir – Sur En 1 Std.; Gesamtzeit 6 Std.
Höhenunterschied: 801 Hm im Anstieg, 1218 Hm im Abstieg; zusätzlich mehrere kleine Gegensteigungen.
Anforderungen: Trittsicherheit, Ausdauer und etwas Orientierungsvermögen.
Einkehr und Unterkunft: Am Beginn (Ova Spin, Naturfreundehaus) und am Ende der Wanderung (Ardez).

Von der **Haltestelle** Richtung Zernez zurück (Wanderweg links von der Fahrstraße). Schon nach ¼ Std. überquert man die Straße und steigt durch Wald zu einem kleinen Sattel auf. Von hier quert man in das Laschaduratal ein und erreicht, zuerst etwas absteigend, dann fast eben, den Talboden und die auf der anderen Talseite und etwas höher gelegene **Alp Laschadura** (2000 m). Man wandert bis zu einer Talgabelung. Wir halten uns links und steigen zuerst mit mäßigem Höhengewinn, dann etwas steil und anstrengend, zur **Fuorcla Stragliavita** (2687 m) auf.

Auf Wegspuren ins Sampuoirtal hinunter, an **Plan Surröven** (2256 m, Jagdhütte) vorbei – und von nun an bequem auf einem Almweg. Die **Alp Sampuoir** (1854 m) muß man nicht berühren, der Wanderweg führt etwas rechts davon vorbei. Auf einem Fahrweg erreicht man schließlich die Straße, die von Ardez leicht ansteigend zum Sommerdorf **Sur En** (1469 m) führt.

Wer es eilig hat, hält sich bei der Einmündung rechts, wandert zum Inn hinunter und nach Ardez hinauf. Das ist aber nicht zu empfehlen: Einen Besuch von Sur En sollte man nicht verabsäumen. Auf der (wenig befahrenen) Straße wandert man zum tief eingeschnitten Inn, überquert ihn auf einer schönen alten Steinbrücke und steigt am anderen Ufer nach **Ardez** hinauf.

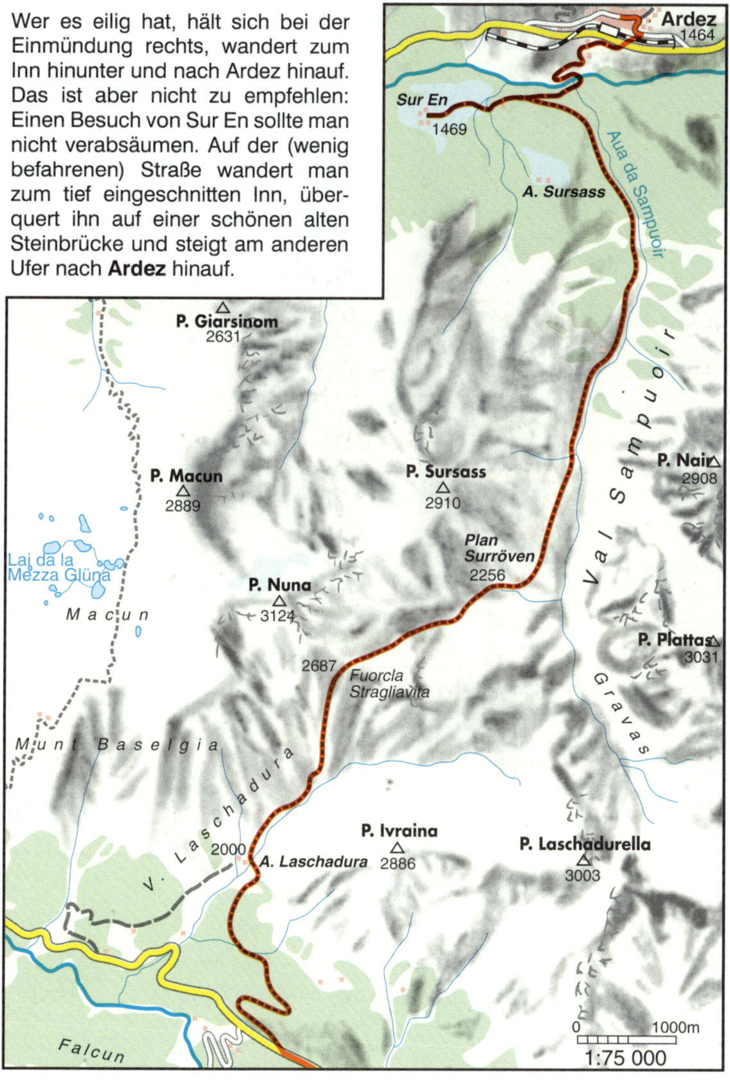

33 Munt la Schera, 2586 m

Beliebte Überschreitung eines der wenigen »erlaubten Gipfel« im Nationalpark – eine der schönsten Wanderungen im Schweizer Nationalpark!

Punt la Drossa – Alp la Schera – Munt La Schera – Buffalora

Talort: Zernez, 1473 m. Siehe S. 27.
Ausgangspunkt: Von Zernez auf der Straße zum Ofenpaß. Die Parkplätze im Nationalpark sind numeriert. Ausgangspunkt für unsere Wanderung ist Parkplatz 4, Punt la Drossa, 1706 m. Unmittelbar neben diesem Parkplatz befindet sich die Einfahrt zum Tunnel, der den Übergang nach Italien (Livigno) ermöglicht.
Gehzeiten: Punt la Drossa – Alp la Schera 1½ Std., Alp la Schera – Munt la Schera 1½ Std., Munt la Schera – Buffalora (Wegerhaus Stradin) 1½ Std.; Gesamtzeit 4½ Std.
Höhenunterschied: 880 Hm.
Anforderungen: Leichte Wanderung auf gepflegten Nationalparkwegen. Lediglich die Südflanke zum Gipfel ist etwas steil und anstrengend.
Einkehr und Unterkunft: Gasthaus Buffalora (Stradin) am Ende der Wanderung.

Vom **Parkplatz** beim Tunnel (Punt la Drossa) überschreitet man unmittelbar nach der Schweizer Zollkontrolle die Zufahrtsstraße zum Tunnel (Vorsicht!). Eine große Tafel gibt Aufklärung darüber, was im Nationalpark alles verboten ist. Nach einer Hangquerung auf einem stellenweise schmalen Steiglein kommt man zu einer Weggabelung (P. 1828). Nach links abzweigend erreichen wir auf schönem Waldweg die **Alp la Schera** (2091 m) mit markiertem Rastplatz. Es ist ein »unverbildeter« Wald. Das Nebeneinander der zahllosen Baumleichen und des spontanen Nachwuchses beeindruckt.

Von der Alp la Schera führt unser Weg durch Latschen weiter. Nach links abzweigend geht es schließlich auf einem Schotterweglein steil zum **Gipfel**. Das Edelweiß blüht unmittelbar neben dem Weg.

Vom Munt la Schera nach Buffalora steigen wir durch sanfteres Gelände ab und erreichen, am Fuß des Munt Chavagl vorbei, die weite Hochfläche von **Buffalora**. Wenig später können wir uns beim Gasthaus Buffalora (Stradin) stärken. Rückkehr zur Punt la Drossa (Park-

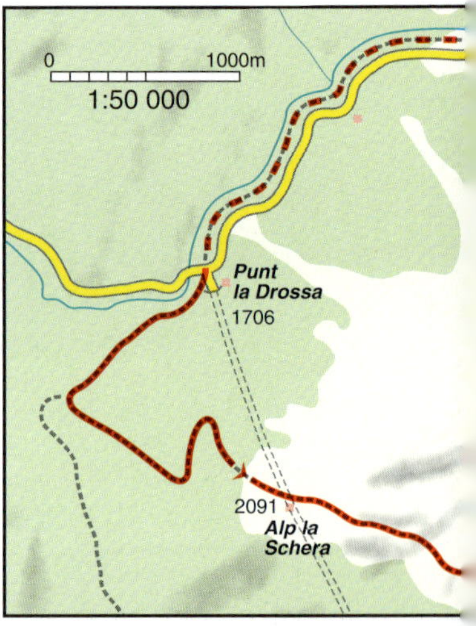

Blick vom Gipfel des Munt Schera zum Livigno-Stausee. Im Hintergrund die Bernina.

platz 4) mit dem PTT-Bus (Linie 960.20). Zu Fuß etwa 1½ Std., weitgehend auf Wanderwegen neben der Fahrstraße.

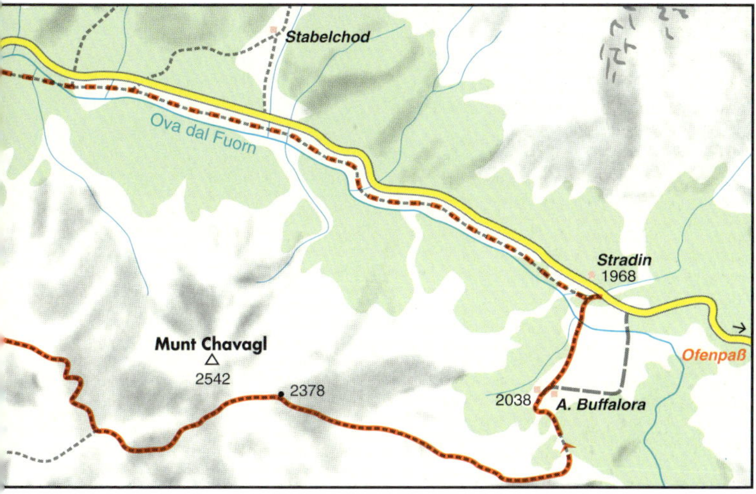

34 Vallun Chafuol – Chamanna Cluozza (Cluozza Hütte)

Eindrucksvolle Wanderung im Herzen des Nationalparks

Vallun Chafuol – Murter – Chamanna Cluozza – Zernez

Talort: Zernez, 1473 m. Siehe S. 27.
Ausgangspunkt: Auf der Straße zum Ofenpaß bis zum Parkplatz 3, (»Vallun Chafuol«, 1766 m), 12 km von Zernez. PTT-Bus (Linie 960.20).
Gehzeiten: Vallun Chafuol – Murter 2½ Std., Murter – Chamanna Cluozza 1 Std., Chamanna Cluozza – Zernez 2½ Std.; Gesamtzeit 6 Std.
Höhenunterschied: 779 Hm.
Anforderungen: Gut gepflegter und markierter Nationalparkweg. Trittsicherheit beim steilen Aufstieg und Abstieg zum bzw. vom Sattel Murter erforderlich.
Einkehr und Unterkunft: Chamanna Cluozza, Blockhaus des Nationalparks, im Sommer bewirtschaftet, 70 Lager.
Variante: Wer auf der Chamanna Cluozza nächtigt, kann sich den Piz Quattervals (3165 m) vornehmen. Er ist zur Besteigung freigegeben und durch einen markierten Weg erschlossen.

Vom **Parkplatz 3** (Vallun Chafuol) auf einem Weglein zum Spöl hinunter, den man am Ende einer eindrucksvollen Schlucht erreicht. Nun geht es über eine Brücke und in anstrengendem, steilem Anstieg in vielen Kehren zu einer Hochfläche (Plan dals Poms, 2338 m). Vielfältig sind an diesem Tag die Möglichkeiten, die Tier- und Pflanzenwelt im Nationalpark zu beobachten.

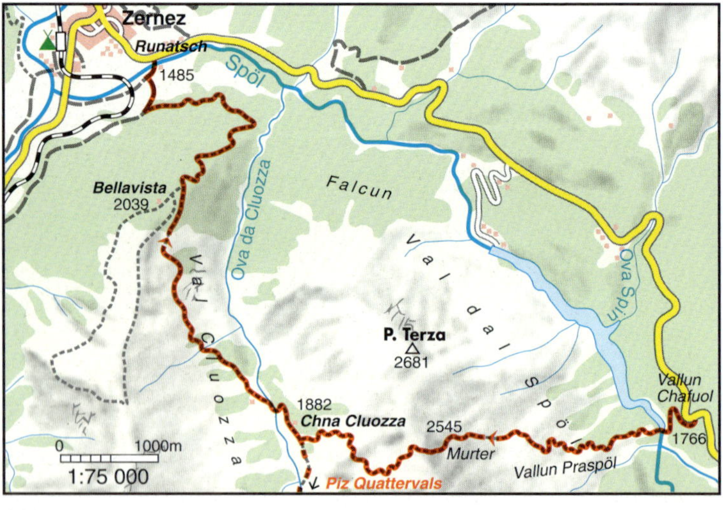

Nun steigen wir etwas weniger anstrengend durch einen weiten Kessel in die **Scharte**. Von hier aus genießen wir einen schönen Ausblick nach Osten und Westen. Besonders eindrucksvoll ist die Sicht in die Albulaalpen und der Nahblick auf den Piz Quattervals. Vom Sattel steigen wir, anfänglich etwas sanfter, dann wieder sehr steil, zum Blockhaus der Nationalparkverwaltung ab. Es liegt etwas versteckt in einer kleinen Baumgruppe.

Von der **Chamanna Cluozza** geht es zum Bach hinunter, dann auf der gegenüberliegenden Talseite in der steilen Flanke hoch über dem Bachbett der Ova da Cluozza weiter. Wir erreichen den Rücken, der zum Murtaröl zieht und über einen Waldweg die schlichte **Gedenkstätte**, die »Paul Sarasin, dem Vorkämpfer des Naturschutzes« gewidmet ist. Ein Rückblick ins wilde Cluozzatal und die prachtvollen Gipfel über ihm (besonders beeindruckend der Piz Quattervals) lohnt. Der Weg wird allmählich breiter und verwandelt sich schließlich in eine Fahrstraße. Man tritt aus dem Wald heraus und erreicht über Wiesengelände die schöne alte Holzbrücke über den Spöl. Auf der Ofenpaßstraße in ¼ Std. nach **Zernez**. Wer sein Auto abholen muß, kehrt mit dem PTT-Bus (Linie 960.20) zum Ausgangspunkt zurück.

Die Wanderung führt über den grasigen Rücken des Murter ins Cluozzatal hinunter.

35 Über die Fuorcla Val Sassa, 2857 m, nach S-chanf

Ein ausgefüllter Tag im Schweizer Nationalpark – nur bei guter Kondition!

Zernez – Chamanna Cluozza – Fuorcla Val Sassa – S-chanf

Am Beginn der Nationalparkwanderung wird einprägsam in Wort und Bild dargestellt, was man im Nationalpark auf keinen Fall darf.

Talort: Zernez, 1473 m. Nähere Angaben S. 27.

Ausgangspunkt: Von Zernez kurz in Richtung Ofenpaß. Parkplatz rechts von der Straße vor einer alten Holzbrücke (1485 m). Eingang zum Nationalpark (Informationstafel).

Gehzeiten: Zernez – Chamanna Cluozza 3 Std., Chamanna Cluozza – Fuorcla Val Sassa 3¼ Std., Fuorcla Val Sassa – S-chanf 3¼ Std.; Gesamtzeit 9½ Std.

Höhenunterschied: 1372 Hm.

Anforderungen: Etwas Trittsicherheit und sehr gute Kondition. Wegen der Höhe der Scharte trifft man bis Ende Juni (und länger) Schneefelder an. In diesem Fall ist die blaue Markierung (= schwierig) berechtigt und Vorsicht geboten.

Einkehr und Unterkunft: Cham. Cluozza, Blockhaus des Nationalparks, 70 Lager. Parkhütte Varusch (»Chamanna dal Parc«) am Parkeingang, Nächtigung möglich, beide im Sommer bewirtschaftet.

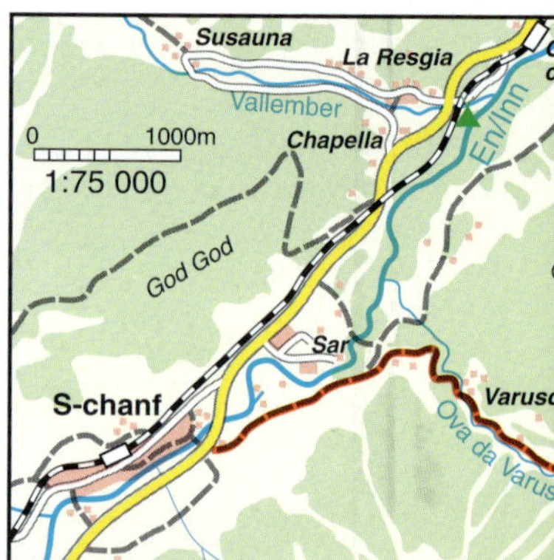

Vom **Parkplatz** folgen wir dem Hinweisschild *»Cluozza«* über die alte Holzbrücke und auf einer Fahrstraße nach rechts durch Wiesen, bald aber durch Wald – vor allem Zirben (Arven) und Lärchen. Nach einer halben Stunde verschmälert sich die Straße zu einem breiten, aber rauhen Fußweg. Wenig später stoßen wir auf einen schlichten **Gedenkstein**: »Paul Sarasin, dem Vorkämpfer des Naturschutzes, in Dankbarkeit«. Der Hintergrund der Gedenkstätte ist umso eindrucksvoller: Blick ins Cluozzatal mit mächtigen Gipfeln, darunter der Piz Quattervals.

Bei einer Abzweigung führt der Weg nach links ins Cluozzatal. Hoch oberhalb der eindrucksvollen Cluozza-Schlucht quert man talein, steigt in den Talboden ab und zum Blockhaus auf dem gegenüberliegenden Berghang auf.

Von der **Chamanna Cluozza** quert man leicht abwärts in den Talboden, dem man bis zur Einmündung des

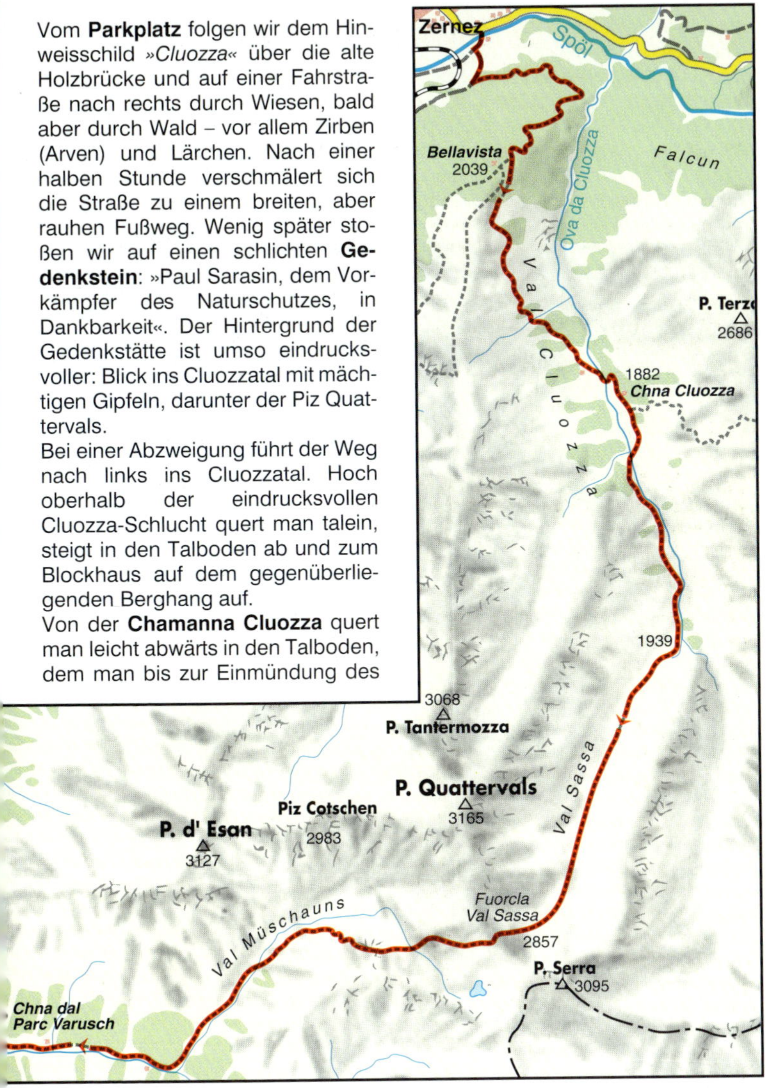

Sassatales folgt. In diesem Tal steigt man in einer riesigen Mulde zwischen mächtigen Felskämmen zur Scharte auf.
Von der **Fuorcla Val Sassa** geht es über einen kurzen Steilhang, dann nach einem flacheren Mittelteil wiederum steil in vielen Kehren in das Müschaunstal, das in das besonders wildreiche Trupchuntal einmündet. Wenig später erreicht man das Parkhaus **Varusch** am Eingang zum Nationalpark. Von hier führt eine Fahrstraße (Fahrverbot) nach S-chanf. Wesentlich schöner ist es, diese Fahrstraße nach wenigen Minuten links zu verlassen. Über eine Brücke erreichen wir den *»Höhenweg«*, der in den Jahren 1977–79 vom Schweizer Militär angelegt wurde und etwas oberhalb des Talbodens verläuft. In einigem Auf und Ab wandern wir durch den Wald talaus und erreichen den Parkplatz.
Auf der Fahrstraße in einer halben Stunde nach **S-chanf**. Mit der Rhätischen Bahn (Linie 960) zurück nach Zernez.

Beim Anstieg in das Val Sassa, im Hintergrund der Piz Serra.

36 Fuorcla da Val dal Botsch, 2677 m

Nationalparkwanderung mit Erweiterungsmöglichkeiten

Parkplatz 7 – Fuorcla da Val dal Botsch – Stabelchod – Parkplatz 8

Talort: Zernez, 1473 m. Siehe S. 27.
Ausgangspunkt: Auf der Straße zum Ofenpaß in den Nationalpark und bis zum Parkplatz 7 (1878 m).
Oder: Mit PTT-Bus (Linie 960.20) bis zur Haltestelle Il Fuorn, dann 20 Min. zu Fuß durch den Wald.
Gehzeiten: Parkplatz 7 – Fuorcla Val dal Botsch 3 Std., Fuorcla Val dal Botsch – Stabelchod 2 Std., Stabelchod – Parkplatz 7½ Std.; Gesamtzeit 5½ Std.
Höhenunterschied: 700 Hm.
Anforderungen: Wanderung auf gut markierten Steigen, teilweise steil und mühsam über ein Schotterweglein.
Einkehr und Unterkunft: Erst nach der Wanderung im Hotel »Il Fuorn« (1 km vom Parkplatz 7) oder in den Gasthöfen von Zernez.
Variante: Ausdauernde Bergwanderer, die großzügige Überschreitungen lieben, steigen von der Scharte steil in die Val Plavna und erreichen durch dieses romantische, auf beiden Seiten von gewaltigen Bergflanken begrenzte Tal, Funtana (1402 m). Rückkehr nach Zernez mit dem PTT-Bus (Linie 960.55) und der Rhätischen Bahn (Linie 960).

Auf dem Anstieg zur Fuorcla da Val dal Botsch im Schweizerischen Nationalpark.

Unsere Wanderung gehört zu den weniger überlaufenen Routen im Nationalpark Ofenpaß. Dennoch (oder gerade deswegen) bietet sie alle Vorzüge des Nationalparks: eine unversehrte Landschaft mit einer reichhaltigen Flora und Fauna. An Tieren wird man insbesondere Rotwild und Gemsen beobachten können. Es empfiehlt sich, ein Fernglas mitzunehmen.

Vom **Parkplatz 7** wandert man durch dichtstämmigen Wald (Bergföhren) sanft ansteigend zur Vegetationsgrenze. Weiter geht es durch das Botschtal (Val dal Botsch) zum Talschluß, steil und anstrengend durch Geröll in die Scharte.

Von der **Fuorcla da Val dal Botsch** kehrt man zunächst auf dem steilen Weglein zurück zum Talschluß. Hier wählt man den linken Weg und steigt kurz zu einem Höhenrücken auf. Auf der anderen Seite geht es ins Stabelchodtal hinunter und auf gutem Weg nach **Stabelchod** (1958 m, große Lichtung). Hier zweigt man nach rechts ab und erreicht auf einem schönen Waldweg den **Parkplatz 8**. Um zum Parkplatz 7 zurückzukehren, muß man nicht die Fahrstraße benützen, sondern kann einem Fußweg auf der anderen Seite der Straße folgen.

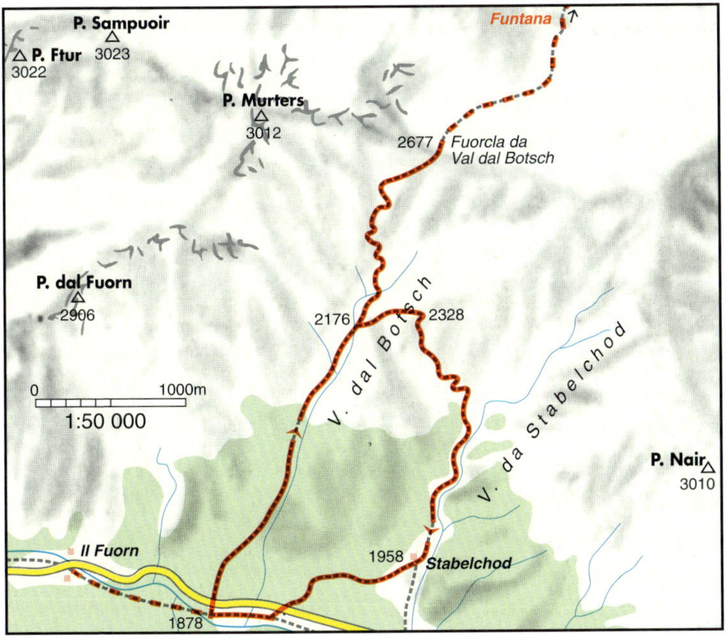

37 Piz Daint, 2968 m

Bergwanderung auf einen »Beinahe-Dreitausender« – zugleich einen der aussichtsreichsten Gipfel im Unterengadin

Ofenpaß – Piz Daint – Buffalora (Wegerhaus Stradin)

Talort: Zernez, 1473 m. Nähere Angaben S. 27.
Ausgangspunkt: Ofenpaß (Paß dal Fuorn), 2149 m. Hierher auch mit dem PTT-Bus (Linie 960.20).
Gehzeiten: Ofenpaß – Piz Daint 3 Std., Piz Daint – Buffalora 2½ Std.; Gesamtzeit 5½ Std.
Anforderungen: Unschwierige Bergwanderung auf markiertem Weg, die aber in große Höhen führt. Etwas Trittsicherheit ist erforderlich.
Höhenunterschied: 819 Hm.
Einkehr und Unterkunft: Gasthaus »Süsom Give« auf der Paßhöhe am Beginn oder Gasthaus »Stradin« am Ende der Wanderung.

Vom **Restaurant Süsom Give** auf der Paßhöhe wandert man zu einer auffälligen Sendeanlage. Von hier geht es kurz abwärts, dann folgt eine Querung auf schmalem Weglein in einen Talboden. Das Tälchen verfolgt man bis zu einer auffälligen Ebene. Nach einer kurzen Steilstufe erreicht man die Hochfläche von **Murtaröl**. Eine zweite Steilstufe führt zum Nordwestrücken unseres Gipfels, über den man zum höchsten Punkt aufsteigt. Die Aussicht vom **Piz Daint** wird mit Recht gerühmt. Die Glanzpunkte des Panoramas sind die Berninaalpen (z.B. Piz Palü, Piz Bernina mit Biancograt) und die Eisriesen der Ortleralpen.
Vom Piz Daint steigt man auf dem Anstiegswege bis zur Ebene oberhalb des erwähnten Tälchens ab. Hier wendet man sich nach links und quert auf gutem Weg eine steile Bergflanke. Man erreicht die Almböden von Buffalora und wenig später die **Alp Buffalora** (2038 m). Nun nicht dem Fahrweg folgen, sondern auf einem markierten Weglein unmittelbar zum **Gasthaus Stradin** (1968 m). Bushaltestelle. Mit dem PTT-Bus (Linie 960.20) zurück zur Paßhöhe. Zu Fuß 1 Std. (ab der Alp Buffalora rechts).

Piz Daint, »Beinahe-Dreitausender« mit großartiger Aussicht – vor allem zum Ortler.

38 Fuorcla Funtana da S-charl, 2393 m

Genußvolle Wanderung vom Ofenpaß nach S-charl

Ofenpaß – Valbella – Funtana da S-charl – Tamangur Dadaint – Tamangur Dadora – S-charl

Talort: Zernez, 1473 m. Siehe S. 27.
Ausgangspunkt: Ofenpaß (Paß dal Fuorn), 2149 m. Hierher mit dem PTT-Bus (Linie 960.20). Auch Autofahrer parken am besten in Zernez und fahren mit dem Bus (zur Zeit der letzten Erkundungen erster Kurs um 6.39 Uhr) zum Ofenpaß. Zum Abholen des PKW benützt man ab Scuol die Rhätische Bahn (Linie 960).
Gehzeiten: Ofenpaß – Fuorcla Funtana da S-charl (über Valbella) 2 Std., Fuorcla Funtana da S-charl – Tamangur Dadaint ½ Std., Tamangur Dadaint – Tamangur Dadora ½ Std., Tamangur Dadora – S-charl 1 Std.; Gesamtzeit 4 Std.
Höhenunterschied: 244 Hm im Aufstieg, 583 Hm im Abstieg; zusätzlich kleine Gegensteigungen.
Anforderungen: Wenig anstrengende Bergwanderung auf gut markierten Wegen.
Einkehr und Unterkunft: Erst am Ende der Wanderung in den gemütlichen Gasthöfen (»Crusch Alba« und »Major«) in S-charl.
Variante: Von der Fuorcla Funtana da S-charl läßt sich unschwierig und mit geringem Zeitaufwand (¼ Std.) der Piz Minschuns (2519 m) besteigen – über die Skipiste. Der kleine Umweg ist empfehlenswert – besonders großartiger Blick in die Ortleralpen.

Am **Ofenpaß** hat man die Wahl: ein etwas kürzerer Weg führt in das Skigebiet Minschuns und zur Fuorcla Funtana da S-charl; schöner ist – nach links abzweigend – der Umweg rund um den »Rinderberg« (Munt da la Bescha) und durch die **Valbella**. Am Fuße der Südflanke das Piz Vallatscha (3021 m, im Frühjahr schöne Skitour) erreichen wir den höchsten Punkt unserer Wanderung (2535 m), und erreichen in sanftem Abstieg die **Fuorcla Funtana da S-charl** (2393 m).
Kaum zu glauben, daß dieses flache Gelände für den Skilauf erschlossen werden soll (1992 erste Vermessungen).
Mit geringem Gefälle führt der Weg in das Clemgiatal, das man bei der **Alp Astras** (2135 m, schöner Rastplatz mit Tischen und Bänken) erreicht. Im fast ebenen Tal geht es auf breitem Weg nach S-charl hinaus. Schöner ist es, auf der rechten Talseite über **Tamangur Dadaint** (2122 m, die »Innere Tamangur Alm«) und **Tamangur Dadora** (2127 m, die »Äußere Tamangur Alm«) zu wandern (prachtvoller Zirbenwald – höchstgelegener in Europa).
Wer sich nicht ausgelastet fühlt, kann in **S-charl** ein ehemaliges Bergwerk besuchen und sich durch die alten Stollen führen lassen (Führungen zur Zeit der letzten Erkundungen jeweils am Mittwoch; ein Bergwerkmuseum ist im Aufbau). Mit dem PTT-Bus (Linie 960.60) nach Scuol. Mit der Rhätischen Bahn (Linie 960) zurück nach Zernez.

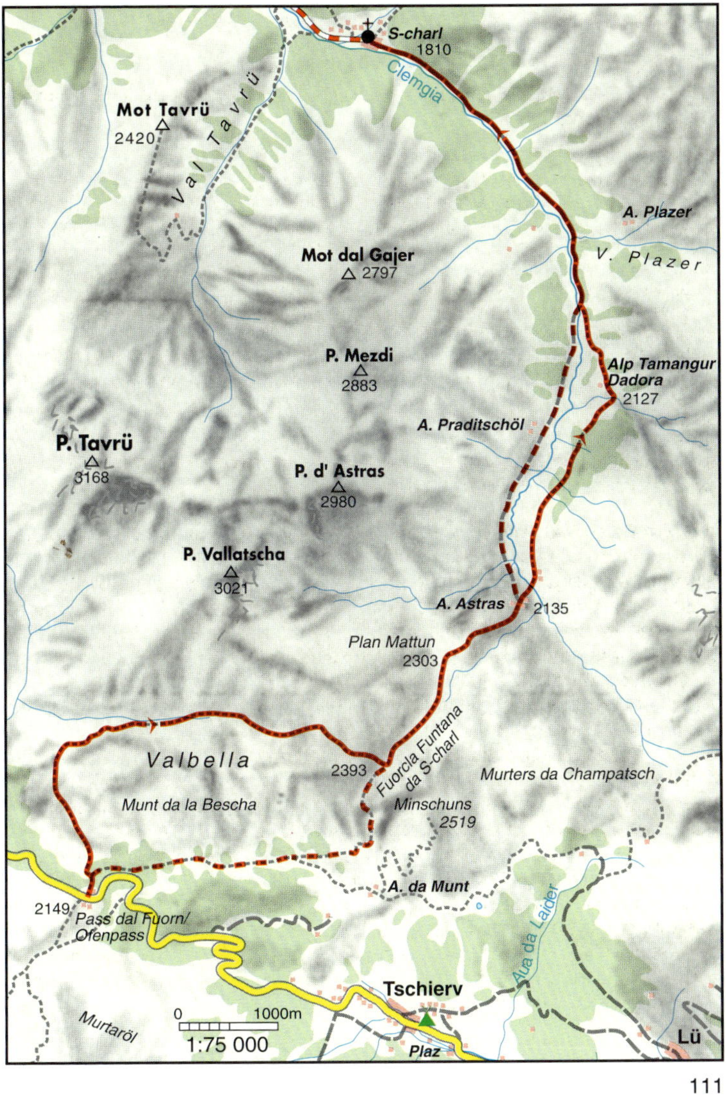

S-charl
1810
Clemgia
Mot Tavrü
2420
Val Tavrü
A. Plazer
V. Plazer
Mot dal Gajer
2797
P. Mezdi
2883
Alp Tamangur Dadora
2127
A. Praditschöl
P. Tavrü
3168
P. d' Astras
2980
P. Vallatscha
3021
A. Astras
2135
Plan Mattun
2303
Fuorcla Funtana da S-charl
Valbella
2393
Murters da Champatsch
Munt da la Bescha
Minschuns
2519
A. da Munt
2149
Pass dal Fuorn/
Ofenpass
Aua da Laider
Tschierv
0
1000m
1:75 000
Murtaröl
Plaz
Lü

39 Vom Ofenpaß nach Müstair

Aussichtsreicher Höhenweg über dem Münstertal (Val Müstair)

Ofenpaß – Lü – Müstair

Talort: Müstair, 1247 m. Siehe S. 27.
Ausgangspunkt: Ofenpaß, 2149 m. Parkplätze vor, neben und nach dem Gasthaus Süsom Givè. Haltestelle des PTT-Busses (Linie 960.20).
Gehzeiten: Ofenpaß – Lü 2 Std., Lü – Müstair 4 Std.; Gesamtzeit 6 Std.
Höhenunterschied: 231 Hm
Anforderungen: Unschwierige Wanderung, bei gutem Wetter unproblematisch.
Einkehr und Unterkunft: Gasthaus »Tschierv«, Restaurant »Hirschen« in Lü.
Variante: Piz Minschuns (2519 m) im gleichnamigen Skigebiet – leichter Anstieg, Umweg etwa 1 Std. – Statt über Lü: Über Alp Champatsch (2136 m), den historisch bedeutsamen Pass da Costainas (2257 m) und die Fuorcla Sassalba (2679 m) nach Müstair oder (kürzer) nach Santa Maria. 2½–3 Std. länger.

Die unschwierige Wanderung erstreckt sich – hoch über dem Talboden – über den gesamten Schweizer Anteil des Münstertales. Sie verläuft durchwegs auf der Sonnseite und bietet einen prachtvollen Ausblick, insbesondere auf die gegenüberliegenden Ortleralpen.
Vom **Parkplatz** über die Straße und durch den Föhrenwald zur **Alp da Munt** im Skigebiet des Münstertales (»Minschuns«). Der Piz Minschuns ist in einer Stunde von hier aus auf unschwierigem Wege erreichbar – ein empfehlenswerter Abstecher. Der Weiterweg führt zur neuen **Alp Champatsch**. Die Alm lag ursprünglich höher oben. Es gibt sie noch: Sie steht nun in einem

Heiligkreuzkapelle in Müstair mit Blick ins Münstertal.

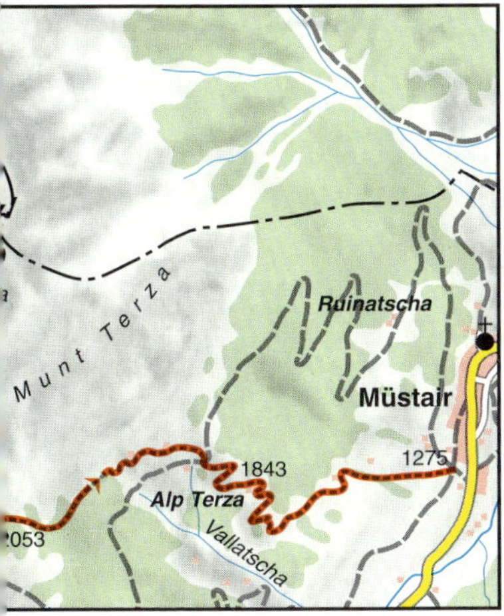

Freilandmuseum im Kanton Bern. Auf dem Fahrweg wandert man gemütlich weiter nach **Lü** (1920 m), der höchstgelegenen politischen Gemeinde der Schweiz.

Vom Ortsausgang führt ein Weg über **Urschai** (2007 m) zur **Alp Sot** (2053 m). Von hier geht's etwas steil durch den Wald zu einem kleinen **Moorsee** (Lai da Val Paschun). Auf schmalem Weglein steigt man durch Lärchen und Arven hinunter zur **Alp Terza** (1843 m) und, etwas später nach links abzweigend, zur Bergstation eines kleinen Schlepplifts. Diesem Lift folgen wir nach **Müstair**, das man am Ortseingang erreicht.

40 Von Buffalora nach Santa Maria

Einsame Wanderung über zwei Wasserscheiden und durch zwei Bergtäler

Buffalora – Jufplaun – Val Mora – Döss Radond – Val Vau – Santa Maria

Talort: Santa Maria im Münstertal, 1375 m. Nähere Angaben S. 27.

Ausgangspunkt: Buffalora bzw. Wegerhaus Stradin, 1973 m. Großer Parkplatz, auch PTT-Bus (Linie 960.20).

Gehzeiten: Buffalora – Jufplaun (Döss dal Termel) – 1½ Std., Jufplaun – Döss Randond 2½ Std., Döss Radond – Santa Maria 2 Std.; Gesamtzeit 6 Std.

Höhenunterschied: 377 Hm im Aufstieg, 975 Hm im Abstieg

Anforderungen: Unschwierige Bergwanderung, aber Ausdauer erforderlich.

Einkehr und Unterkunft: Erst am Ende der Wanderung in Santa Maria.

Variante: Konditionsstarke und erfahrene Bergwanderer können den Piz Daint (2968 m) »mitnehmen« und weglos über die Südwestflanke zur hier beschriebenen Route stoßen – um 1½ Std. länger, erheblich schwieriger.

Auf der Hochfläche von Jufplaun, darüber der Munt Buffalora.

Der bedeutende Höhenunterschied dieser wenig begangenen Wanderung verteilt sich auf eine lange Wegstrecke, dadurch ist die Wanderung zwar lang, aber recht bequem.

Beim **Wegerhaus Stradin** überqueren wir die Straße und wandern in gemütlichem Anstieg zur **Alp Buffalora** (2038 m). Auf einem guten Weg erreichen wir die Hochfläche von **Jufplaun** und – leicht ansteigend – die erste Wasserscheide (Döss dal Termel). Das ist zugleich der höchste Punkt unserer Wanderung. Von

Oben: Gasthaus Stradin beim Ofenpaß.
Rechts: Der fast 3000 m hohe Piz Daint, ein Blickfang am Anfang der Tour.

hier steigt man – auf den eindrucksvollen Piz Murtaröl zu – in das Moratal (Val Mora) ab und entlang des Baches zur nächsten Wasserscheide (Döss Radond, 2234 m) auf. Sie ist ein wenig sumpfig und kaum als Wasserscheide zu erkennen. Mit ziemlichem Gefälle geht es nun durch das Vautal (Val Vau).
Das enge Tal weitet sich nur ein einziges Mal (**Vau**, 1755 m), dann führt der Weg durch Tannen und Lärchen zum Münstertal hinunter. Die Hauptstraße erreicht man ziemlich genau in der Mitte zwischen **Valchava** und **Santa Maria** im Münstertal. Rückkehr zum Ausgangspunkt mit PTT-Bus (Linie 960.20).

41 Piz Dora, 2951 m

Einsamer Gipfel gegenüber noch einsameren Dreitausendern

Tschierv – Lai da Chazfora – Piz Dora – Tschierv

Talort und Ausgangspunkt: Tschierv, 1660 m. Nähere Angaben S. 27. Beschränkter Parkraum neben der Kirche in Tschierv, besser großen Parkplatz beim Restaurant Turettas benützen. Nach Tschierv auch mit dem PTT-Bus (Linie 960.20) von Zernez oder Müstair.
Gehzeiten: Tschierv – Lai da Chazfora 2½ Std., Lai da Chazfora – Piz Dora 1½ Std., Piz Dora – Tschierv 2 Std.; Gesamtzeit 6 Std.
Höhenunterschied: 1291 Hm.
Anforderungen: Einfache Bergwanderung, aber Trittsicherheit und Orientierungsvermögen (beim Gipfelanstieg) erforderlich. Teilweise etwas steil.
Einkehr und Unterkunft: Erst nach der Bergwanderung in Tschierv.
Variante: Über die Alp Sprella ins Moratal und über die Wasserscheide Döss Radont und das Vautal nach Santa Maria. 2 Std. länger.

Vom **Kirchlein** auf die andere Straßenseite und wenige Schritte talaus. Hier zweigt der Wanderweg ab (Wegtafel *»Chazfora-Sprella«*), der durch dichten Wald zu einer Lichtung (Funtauna Grossa, 1866 m) und weiter in die Almregion führt, die man bei einer malerisch gelegenen Hirtenhütte (Era da la Bescha, 2200 m) erreicht. Weiter Richtung Süd zum kleinen Bergsee **Lai da Chazfora** knapp unter einer Einsattelung.

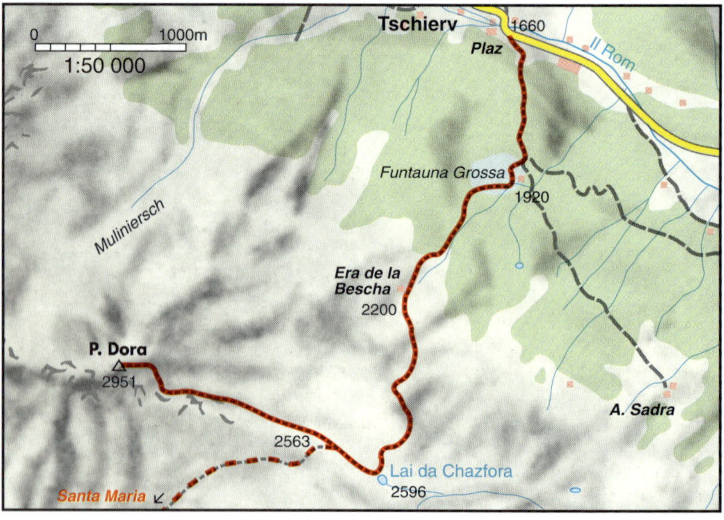

Über den Oströcken (links) führt der Weg auf den Piz Dora. Auf dem Bild ist Fuldera zu sehen, wie Tschierv ein Ausgangspunkt für unseren Gipfel.

Von hier ab ohne Markierung und meist weglos durch eine auffallende Mulde (Las Chünas), zuletzt über die Ostflanke, zum **Gipfel**.
Außer dem gewohnt aufregenden Blick zum Ortler beeindruckt vor allem der Nahblick zu mächtigen, nahezu unbekannten Berggestalten wie Piz Murtaröl, Piz Tea Fondada oder Piz Schumbraida.
Der **Abstieg** folgt zunächst dem Anstiegsweg. Will man nach Santa Maria absteigen, steigt man vom Seelein kurz zu dem erwähnten Sattel auf. Von hier geht es durch die Valbella zur Alphütte Sprella (2127 m) hinunter. Die Hütte ist unbewirtschaftet und verfügt über 10 Lager. Der Schlüssel kann beim Gemeindeamt von Müstair entlehnt werden. Wenig später erreicht man den Talboden (Val Mora). Im weiten Talboden geht es in leichtem Anstieg über La Stretta (2207 m) zur Wasserscheide Döss Radont. Erheblich enger und steiler nunmehr durch das Vautal (Val Vau) nach Valchava oder Santa Maria im Münstertal. In beiden Fällen kehrt man mit dem PTT-Bus (Linie 960.20) zurück zum **Ausgangspunkt**. Wer die gesamte Runde zu Fuß zurücklegen, aber dennoch zum Ausgangspunkt zurückkehren möchte, beginnt sie besser in Fuldera und steigt durch den Wald zur Funtauna Grossa auf. Von Valchava kann man – ohne die Fahrstraße zu berühren – nach Fuldera wandern. 1 Std. länger.

42 Rötlspitz (Punta Rosa), 3025 m

Leicht erreichbare Aussichtskanzel oberhalb des Stilfser Jochs

Paß Umbrail – Piz da las trais Linguas – Punta Rosa – Paß Umbrail

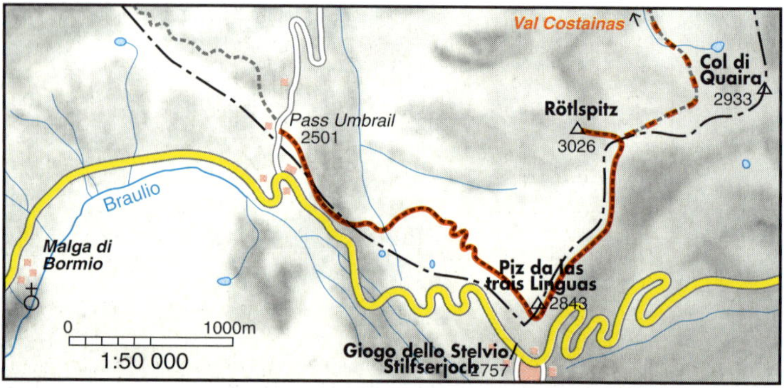

Talort: Santa Maria im Münstertal, 1375 m. Nähere Angaben S. 27.
Ausgangspunkt: Umbrailpaß, 2501 m. Gute Parkmöglichkeiten. Hierher auch mit dem PTT-Bus (Linie 910.75, nur wenige Kurse). Reisepaß nicht vergessen!
Gehzeiten: Umbrailpaß – Piz da las trais Linguas 1 Std., Piz da las trais Linguas – Punta Rosa 1 Std., Punta Rosa – Umbrailpaß 1½ Std.; Gesamtzeit 3½ Std.
Höhenunterschied: 524 Hm.
Anforderungen: Trittsicherheit und Schwindelfreiheit auf einem an sich unschwierigen Weg.
Einkehr und Unterkunft: Am Stilfserjoch mehrere Gasthöfe und Hotels (10 Min. vom Piz da las trais Linguas). Restaurant »Astras« am Umbrailpaß.
Variante: Abstieg über die Alp Prasüra nach Santa Maria. 3½ Std. länger.

Die Bergwanderung führt vom Umbrailpaß zum Piz da las trais Linguas (=»Dreisprachengipfel«; an dieser Ecke treffen Rätoromanen, Südtiroler und Italiener aufeinander), dann etwas anspruchsvoller zur Rötlspitz in Südtirol. Wegen der bedeutenden Gipfelhöhe ist gutes Wetter erforderlich – bei einem Wetterumschlag kann es auch im Sommer zu Schneefällen kommen.
Vom **Schweizer Zoll**, den man nicht überschreitet, zweigt ein Weg ab, der – immer innerhalb der Schweizer Grenze – erst sanft ansteigend zu P.2541, dann aber steil in vielen Kehren, zuletzt wieder sanfter, zum **Piz da las trais Linguas** führt. Das betriebsame »Sommerskigebiet« östlich des Stilfser Jochs, oberhalb dem man sich befindet, bietet meist keinen erfreulichen Anblick. Der teilweise schmale und etwas ausgesetzte Pfad hält sich nun auf der Südtiroler (östlichen) Seite und führt zuletzt durch eine steile Flanke zum Gipfel des **Rötlspitz**. Bei Schneelage oder Vereisung heikel!

Auf dem Weg zum Rötlspitz. Im Hintergrund der Ortler.

Abstieg: Wie Aufstieg. Wer eine längere Variante bevorzugt, steigt vom Rötlspitz in der Grundrichtung Nord in das Costainastal (Val Costainas) ab und folgt der dem Prasürabach (Aua da Prasüra) zur Alp Prasüra (2213 m) und zur Paßstraße. Nur wenige Minuten auf der Straße talab, dann wieder auf einem Fußweg auf der anderen Talseite nach Santa Maria. Mit dem PTT-Bus (Linie 910.75, nur wenige Kurse) zurück zum Ausgangspunkt. Etwa 3 Std. länger.

43 Piz Umbrail, 3033 m

Bedeutender Grenzgipfel mit umfassender Aussicht

Umbrailpaß – Piz Umbrail – Lai da Rims – Santa Maria im Münstertal

Talort: Santa Maria, 1375 m. Nähere Angaben S. 27.
Ausgangspunkt: Umbrailpaß, 2501 m. Gute Parkflächen, auch PTT-Bus (Linie 910.75, wenige Kurse). Reisepaß!
Gehzeiten: Umbrailpaß – Piz Umbrail 1½ Std., Piz Umbrail – Lai da Rims 1 Std., Lai da Rims – Santa Maria 2½ Std.; Gesamtzeit 5 Std.
Höhenunterschied: 532 Hm.
Anforderungen: Trittsicherheit, Schwindelfreiheit, gute Wetterverhältnisse.
Einkehr und Unterkunft: Erst nach der Bergwanderung in Santa Maria.

Unmittelbar vor dem **Schweizer Zollschranken** steigt man über die Almwiesen ziemlich steil entlang der Staatsgrenze auf. Über Schutt quert man einen steilen Hang, dann geht es über große Blöcke, zuletzt nach links abbiegend, zum **Gipfel**, einer auch topographisch sehr bedeutenden Erhebung in den Ortleralpen. Daß die Gipfel im Engadin aussichtsreich sind, ist man gewöhnt. Vom Piz Umbrail bietet sich vor allem ein ungewöhnlich schöner Blick nach Süden. Selbstverständlich ist auch der Nahblick auf »König Ortler« und seine Trabanten eindrucksvoll.
Der **Abstieg** führt uns kurz auf dem Anstiegsweg zurück, dann nach links abzweigend durch weite Mulden, über zwei Steilstufen, an einem auffallenden Felsturm (Cuclèr da Valpaschun) vorbei zum **Lai da Rims** (2396 m).

Blick vom Gratrücken, der zum Piz Umbrail führt, auf die Stilfserjochstraße.

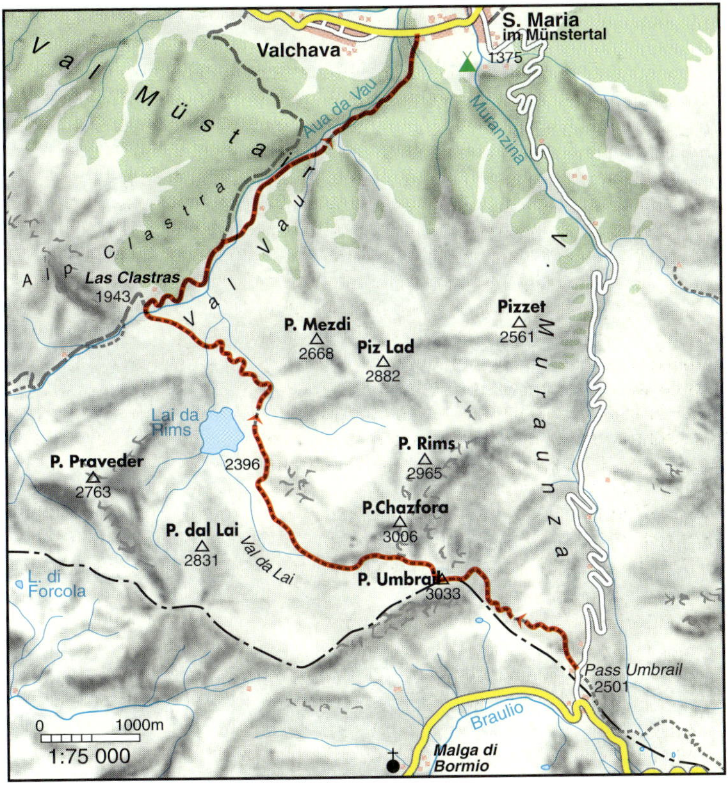

Die Umgebung des malerischen Sees ist als Pflanzenschutzgebiet ausgewiesen. Blumenfreunde kommen auf ihre Rechnung! Rund um den See baut sich eine wilde Felskulisse auf – Piz Praveder im Westen, Piz dal Lai im Süden, Piz Chazfora im Osten, Piz Mezdi im Norden.

Die Abflußschlucht des Bergsees umgeht man rechts. Steil steigt man in vielen Kehren zwischen zwei tief eingeschnittenen Bachtälern ab, bis man die Aua da Rims (Rimsbach) überqueren und in die Val Vau einzweigen kann. Auf bequemem Weg wandert man zu einer großen Lichtung und durch das nun wieder enge Tal in den weiten Talboden den Münstertales. Man erreicht die Fahrstraße ungefähr in der Mitte zwischen **Valchava** und **Santa Maria** und in etwa 10 Minuten einen der beiden Orte.

44 Im Inntal von Zernez nach Ardez

Erste Teilstrecke des Unterengadiner »Talweges«

Zernez – Susch – Lavin – Giarsun – Sur En – Ardez

Talort und Ausgangspunkt: Zernez, 1473 m. Nähere Angaben S. 27.
Gehzeiten: Zernez – Susch 2 Std., Susch – Lavin 1 Std., Lavin – Giarsun 1 Std., Giarsun – Sur En 1 Std., Sur En – Ardez 1½ Std.; Gesamtzeit 6½ Std.
Höhenunterschied: Unwesentlich.
Anforderungen: Einfache Talwanderung.
Einkehr und Unterkunft: Gasthöfe in den Orten Susch, Lavin und Giarsun, und natürlich am Endpunkt der Wanderung in Ardez.

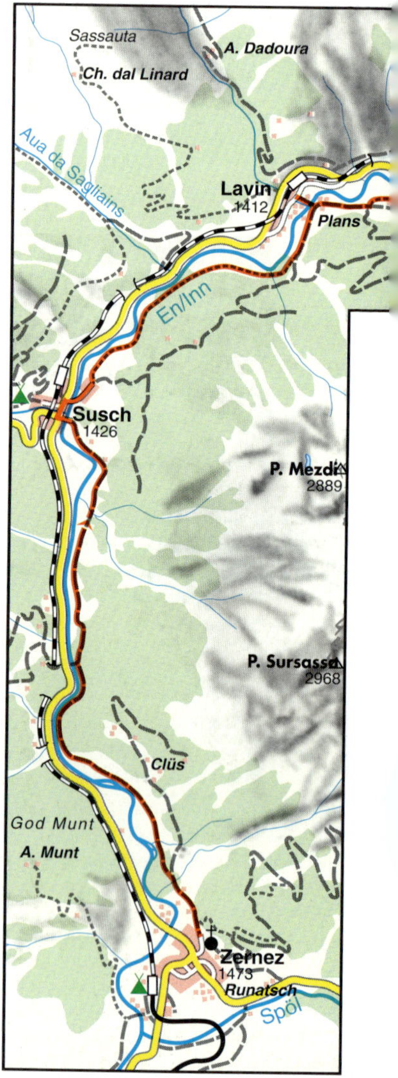

Nach der hübschen Birkenallee unterhalb der **Kirche** geht es leicht abwärts Richtung Inn. Das Hinweisschild *»Susch«* zeigt, daß wir auf dem richtigen Weg sind. Wir wandern, teilweise unmittelbar am Innufer, durch Wiesen und Wald. Mit leichtem Gruseln stehen wir vor der »Justizbrücke« (Punt da la güstizia), bei der im Mittelalter die Todesurteile vollstreckt wurden. Über eine Holzbrücke kommen wir nach **Susch** (nähere Angaben S. 25) mit dem auffälligen »Planta-Turm«.
In Susch kehren wir zum rechten Ufer zurück. Man wandert an der Kirche und am Plantaturm vorbei, durch Wiesen und Wald, immer dem Inn entlang nach **Lavin** (nähere Angaben S. 25), das man über eine schöne alte Holzbrücke erreicht.
Nach diesem Abstecher in den reizvollen, fast ein wenig südländisch

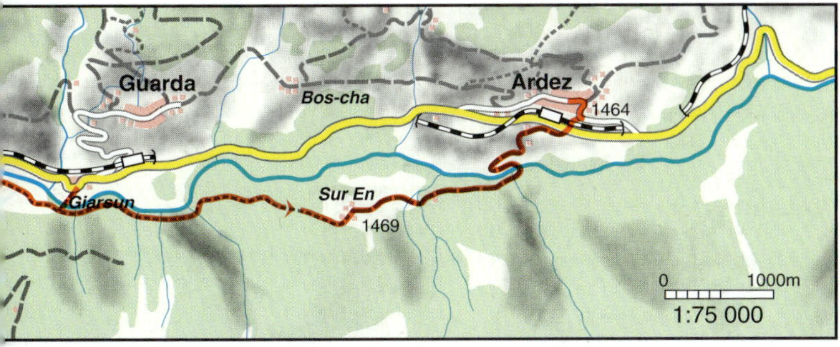

wirkenden Ort kommen wir über die Brücke zurück zum rechten Innufer und an einer Gletschermühle vorbei (unmittelbar neben dem Weg). Über die Aua da Zeznina (Zezninabach) gehen wir talabwärts bis zur Brücke, die nach **Giarsun** hinüberführt.

Über die Brücke zurück auf die rechte Innseite. Auf einem hübschen Waldweg den Inn abwärts zur reizvollen Sommersiedlung **Sur En** (1469 m) mit zahlreichen unerwartet schönen, reich verzierten Engadiner Häusern.

Auf dem (wenig befahrenen) Fahrweg – mit Blick auf die Ruine Steinsberg und das Schloß Tarasp – wieder zum Inn hinunter. Über eine malerische Steinbrücke und in einigen Kehren nach **Ardez** (siehe S. 25) hinauf. Nächtigung oder Rückkehr nach Zernez mit der Rhätischen Bahn (Linie 960).

Blick vom Wanderweg auf Susch.

45 Im Inntal von Ardez nach Scuol

Zweite Teilstrecke des Unterengadiner »Talweges«

Ardez – Funtana-Tarasp – Scuol

Talort und Ausgangspunkt: Ardez, 1464 m. Nähere Angaben S. 25.
Gehzeiten: Ardez – Funtana-Tarasp 2½ Std., Funtana-Tarasp – Scuol 1½ Std.; Gesamtzeit 4 Std.
Höhenunterschied: 221 Hm im Abstieg.
Anforderungen: Leichte Talwanderung auf bequemen Wegen.
Einkehr und Unterkunft: Gasthöfe unterwegs in Funtana, Sparsels, Vulpera und natürlich am Endpunkt der Wanderung in Scuol.

Dieser Abschnitt der Talwanderung führt zum Teil hoch über dem in einer engen Schlucht brausenden Inn. Ein besonderer Blickfang ist das Schloß Tarasp, das sich vom Weiler Sparsels von der schönsten Seite zeigt.
Vom **Bahnhof** am südlichen Ortsende (1432 m) auf dem (wenig befahrenen) Fahrweg zum Inn hinunter (kürzer: nach dem Bahnübergang gleich links halten). Unmittelbar vor der Steinbrücke führt ein Weglein den Hang hinauf, denn das rechte Innufer ist in diesem Bereich ungangbar. Bald aber führt

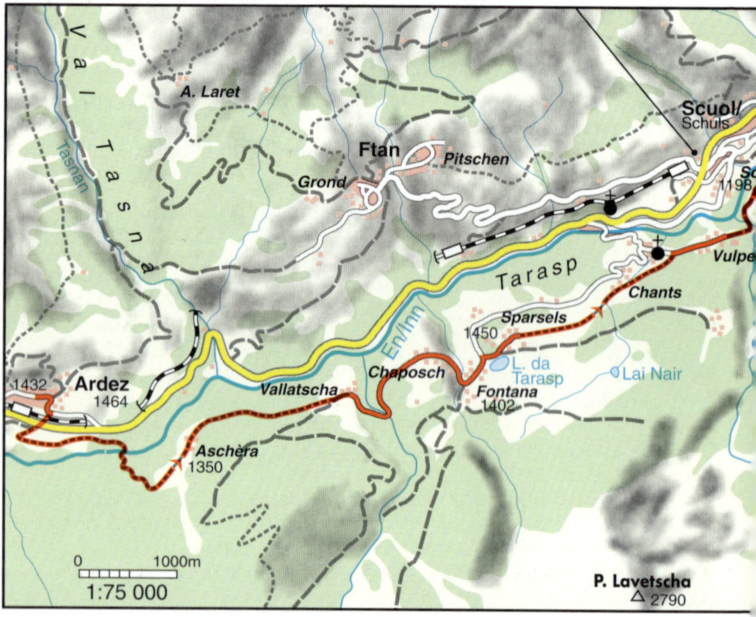

Kurz nach Ardez führt der Weg kurzzeitig etwas alpiner durch die Talflanke.

unser Weg wieder zum Inn hinunter und auf einer Hängebrücke bei Punt Veidra wechseln wir wieder zur rechten Innseite. Durch Wald steigen wir zu einem Tälchen auf. Über Wiesen geht es von Hof nach **Aschera** (1350 m) weiter. Auf einem Fahrweg durch Wald über die Weiler **Vallatscha** und **Chaposch** nach **Funtana** (1402 m). Zwischen See (Lai da Tarasp) und Schloßhügel vorbei steigen wir zum malerischen Weiler **Sparsels** (1450 m) auf. Schöner Blick zum Schloß Tarasp. Auf einem Feldweg wandert man nach **Vulpera** (1270 m). Wer noch Zeit hat, wird den schönen Kurpark mit seiner Blumenpracht besuchen. In der kleinen Trinkhalle beim Hotel »Vita sana« kann man unentgeltlich die verschiedenen Mineralwässer des Unterengadins verkosten. Nähere Angaben zu Vulpera-Tarasp S. 23.
Von Vulpera steigt man wieder zum Inn hinunter und kommt über eine Brücke in das reizvolle Unterdorf von **Scuol** (Scuol Sot, 1198 m), nähere Angaben S. 22. Besonders schön ist der Dorfplatz mit dem Brunnen. In der Chagronda (»Großes Haus«) ist das Unterengadiner Talmuseum untergebracht, das einen Besuch lohnt.
Das gegenwärtige Ortszentrum von Scuol ist das Oberdorf (Scuol Sura, 1243 m). Wer schon müde ist, kann es rasch und unentgeltlich erreichen: Innerhalb von Scuol gibt es einen Ortsbus zum Nulltarif.
Rückkehrmöglichkeit von Scuol nach Ardez mit der Rhätischen Bahn (Linie 960).

46 Von Scuol nach Martina

Dritte Teilstrecke des Unterengadiner »Talweges«

Scuol – Sur En – San Niclà – Martina

Talort: Scuol, 1243 m. Siehe S. 22.
Ausgangspunkt: Innbrücke (1164 m) am Ende des Unterdorfes (Scuol Sot, 1198 m). Hierher auch mit dem Ortsbus zum Nulltarif.
Gehzeiten: Scuol – Sur En 2 Std., Sur En – San Niclà 2 Std., San Niclà – Martina 1 Std.; Gesamtzeit 5 Std.
Höhenunterschied: Unwesentlich.
Anforderungen: Unschwierige Talwanderung, die nur etwas Ausdauer erfordert.
Einkehr und Unterkunft: Gasthöfe in Sur En, Restaurant beim Campingplatz nahe der Holzbrücke.

Die hübsche Talwanderung führt vorwiegend über Waldwege und eignet sich deshalb besonders für heiße Sommertage.
Über die **Brücke** und auf einem Waldweg zum Weiler **Pradella**. Von hier zum Inn hinunter und weiter, den Fluß abwärts, bis nach **Sur En**, einem Ortsteil von Sent, dessen spitzer Kirchturm wie ein Wahrzeichen immer wieder sichtbar wird. – In Sur En (= »Über dem Inn«) beginnt der Weg zu der berühmten und ungemein eindrucksvollen Uina-Schlucht, den man sich vielleicht für eine spätere Wanderung vormerken sollte.)

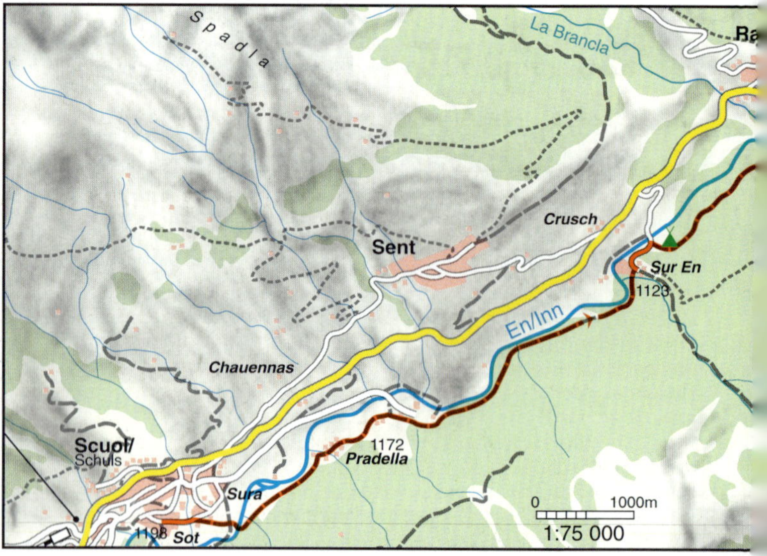

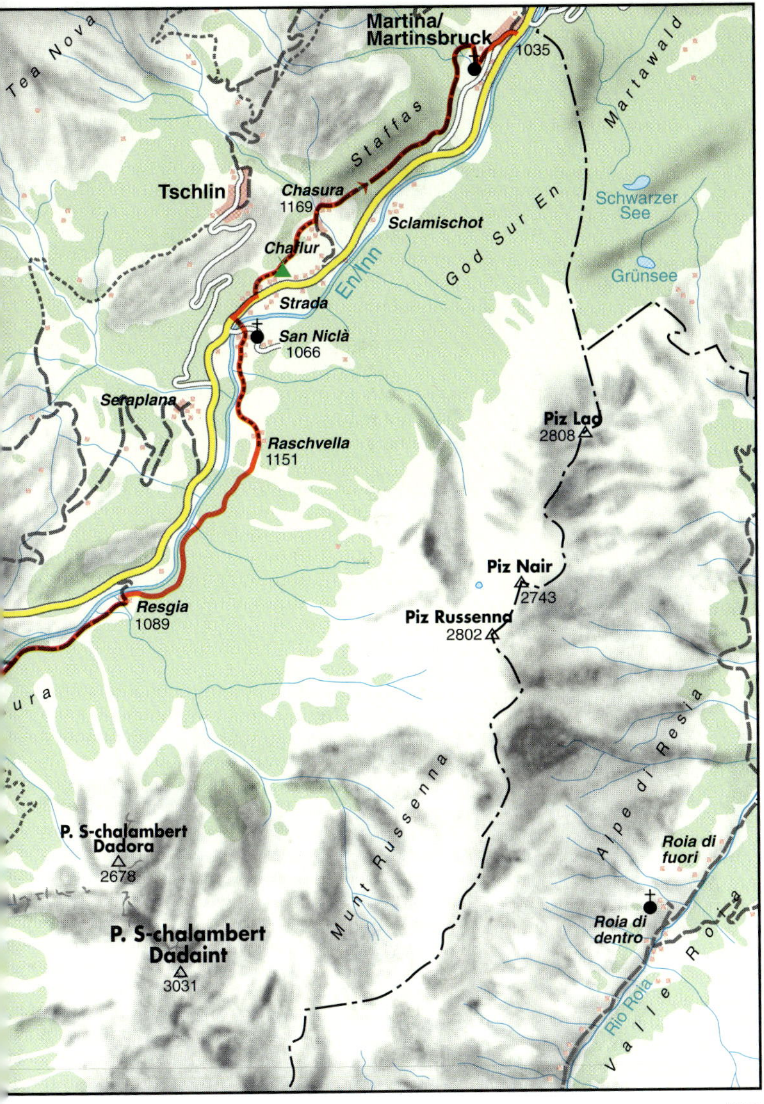
Martina/
Martinsbruck
1035
Tea Nova
Martawald
Staffas
Tschlin
Chasura
1169
Sclamischot
God Sur En
Schwarzer
See
Chaflur
En/Inn
Grünsee
Strada
San Niclà
1066
Seraplana
Piz Lad
2808
Raschvella
1151
Piz Nair
2743
Resgia
1089
Piz Russenna
2802
Alpe di Resia
Munt Russenna
P. S-chalambert
Dadora
2678
Roia di
fuori
Roia di
dentro
P. S-chalambert
Dadaint
3031
Rio Roia
Valle Roia

Detail der Fassade eines Engadiner Hauses.

Eine Fahrstraße führt zum Inn hinunter. Neben einer ungewöhnlich schönen gedeckten Holzbrücke befindet sich ein Campingplatz, dessen Restaurant für Erfrischung sorgt. Von hier hat man einen besonders schönen Blick auf Sent in der gegenüberliegenden Bergflanke.
Wir bleiben am rechten Ufer und wandern nach **Plan da Chavas**, dann ganz nahe beim Fluß zum Weiler **Resgia** und – nach einem kurzen Anstieg über einen Waldweg – zum Weiler **Raschvella**. Wieder geht es zum Inn hinunter – nach **San Niclà** mit seinem hübschen Kirchlein (Fresken).
Eine steile Bergflanke, die felsig zum Inn abbricht, zwingt uns, wieder auf die linke Innseite zu wechseln. Nur kurz bewegen wir uns auf der vielbefahrenen Straße. Schon bei den ersten Häusern von **Strada** können wir nach links abzweigen und zum Weiler **Chaflur** aufsteigen. Wir überschreiten ein Tälchen (Val da Chaflur) und wandern auf einem schöner Waldweg nach **Martina** (nähere Angaben S. 21), das zum Zeitpunkt der letzten Erkundungen wegen eines Kraftwerkbaus als Fremdenverkehrsort etwas beeinträchtigt war. Rückkehrmöglichkeit nach Scuol mit dem PTT-Bus (Linie 960.70).

Vor San Niclà auf dem Talweg nach Martina.

47 Von Lavin nach Ardez

Erste Teilstrecke des Unterengadiner »Panorama-Höhenweges«

Lavin – Guarda – Chamanna Cler – Ardez

Talort und Ausgangspunkt: Lavin, 1412 m. Nähere Angaben S. 25. Parkmöglichkeit auf dem Dorfplatz (Brunnen) von Lavin. Hierher auch mit der Rhätischen Bahn (Linie 960).

Gehzeiten: Lavin – Guarda 1½ Std., Guarda – Chamanna Cler 3 Std., Chamanna Cler – Ardez 2 Std.; Gesamtzeit 6½ Std.

Anforderungen: Eine zwar lange, aber unschwierige Wanderung hoch oberhalb des Inntales.

Einkehr und Unterkunft: Gemütliche Gasthöfe in Giarsun, Guarda und am Ende der Wanderung in Ardez.

Variante: Umweg über die Chamanna Cler (Cler-Hütte, 2476 m) – teilweise steil und anstrengend, etwa 2 Std. länger.

Uns erwartet eine genußvolle, völlig unschwierige Wanderung hoch über dem Inntal. Teilweise müssen allerdings Fahrwege und (wenig befahrene) Fahrstraßen benützt werden.

Vom Parkplatz auf dem **Dorfplatz** wandern wir in Richtung Nordost durch den Ort. Am Ortsende zweigt nach links ein Fahrweg ab, der unter der Eisenbahn und der Umfahrungsstraße hindurchführt. Schräg aufwärts wandernd erreichen wir eine Bachschlucht (La Clozza), die in weitem Bogen ausgegangen wird. Wenig später stößt man auf die Straße, die vom Weiler Giarsun (Gasthaus) nach **Guarda** (1653 m) führt. Auf dieser Straße kommen wir in einer Viertelstunde in den reizvollen Ort (nähere Angaben S. 25).

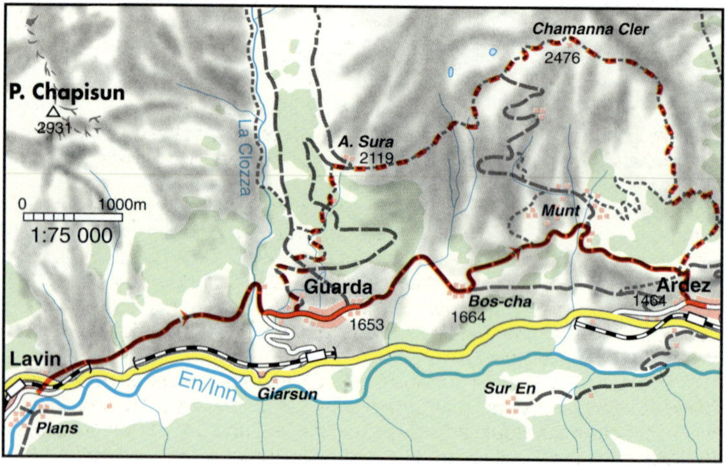

Der Inneraum der Kirche von Lavin mit schönen mittelalterlichen Fresken.

Guarda gilt mit Recht als das schönste Dorf des Engadins. Für eine ausgiebige Besichtigung dieses »belebten Museums« sollte man unbedingt ausreichend Zeit einplanen! (Lohnend ist die Teilnahme an einer geführten Rundwanderung durch das Dorf.)
Auf der (wenig befahrenen) Straße erreichen wir in einer fast ebenen Wanderung den Weiler **Bos-cha** (1664 m). Hier verläßt man die Fahrstraße nach links und steigt zu den Häusern von **Chöglias** (1797 m) auf. Auf einem Fahrweg geht es den Hang entlang leicht abwärts nach **Ardez** (siehe S. 25). Auch in Ardez sollte man genügend Zeit für eine Besichtigung vorsehen; es steht dem berühmteren Guarda nur wenig nach. Rückkehrmöglichkeit nach Lavin mit der Rhätischen Bahn (Linie 960).
Wer sich für die längere Variante über die Chamanna Cler, eine private Hütte des Skiclubs Ardez, entscheidet, zweigt am besten bereits in Guarda von der hier beschriebenen Route ab, steigt zur Hütte auf und über einen behäbigen Südrücken nach Chöglias ab. Hier stößt man wieder auf die »Hauptroute«.

48 Von Ardez nach Scuol

Zweite Teilstrecke des Unterengadiner »Panorama-Höhenweges«

Ardez – Ftan – Scuol

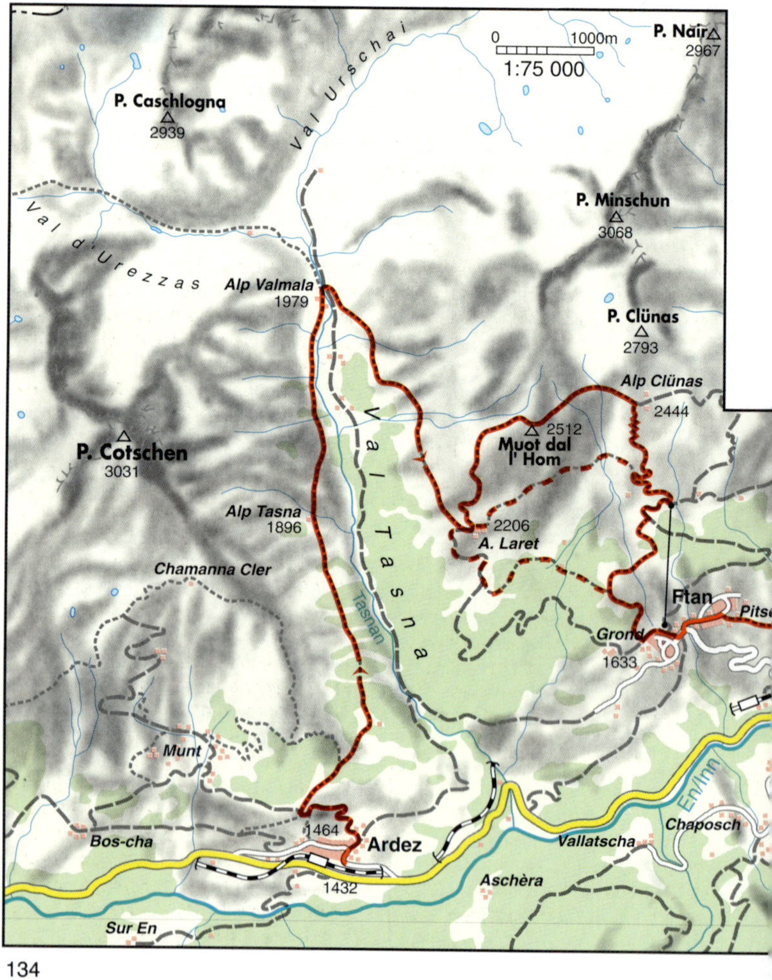

Talort: Ardez, 1464 m, am Anfang und Scuol, 1243 m, am Endpunkt der Wanderung. Nähere Angaben S. 25.
Ausgangspunkt: Ortsmitte von Ardez. Hierher in zehn Minuten von der Haltestelle der Rhätischen Bahn (Linie 960). Im Ort bestehen nur sehr beschränkte Parkmöglichkeiten.
Gehzeiten: Ardez – Alp Valmala 2½ Std., Alp Valmala – Muot da l'Hom 2 Std., Muot da l'Hom – Ftan 1½ Std., Ftan – Scuol 1 Std.; Gesamtzeit 7 Std.
Anforderungen: Unschwierige, gelegentlich etwas steile und durch die Länge anstrengende Wanderung auf gut bezeichneten Wegen und (wenig befahrenen) Fahrwegen.
Einkehr und Unterkunft: Gasthöfe in Ftan und natürlich am Endpunkt der Wanderung, in Scuol.

Von **Ardez** folgt man dem Hinweisschild *»Ftan«* und steigt zunächst Richtung Nord nach **Clüs** auf. Hier erreicht man wieder den beschilderten *»Panoramaweg«*. Er führt uns weit in das Tasnatal hinein, zur **Alp Tasna** (1897 m) und nach **Valmala** (1979 m). Wir überqueren den Bach bei einer Brücke und steigen zur **Alp Laret** (2206 m) auf.
Wer sich die Wanderung geruhsamer gestalten möchte, kann von hier aus in einer Stunde nach Ftan absteigen oder die steile Südflanke des Muot da l'Hom zur Bergstation des Sessellifts queren, der von Ftan heraufführt. Mit dem Lift erreicht man Ftan natürlich besonders bequem. (Lohnend ist in Ftan ein Besuch der alten Mühle nahe dem Hotel »Paradies«.)

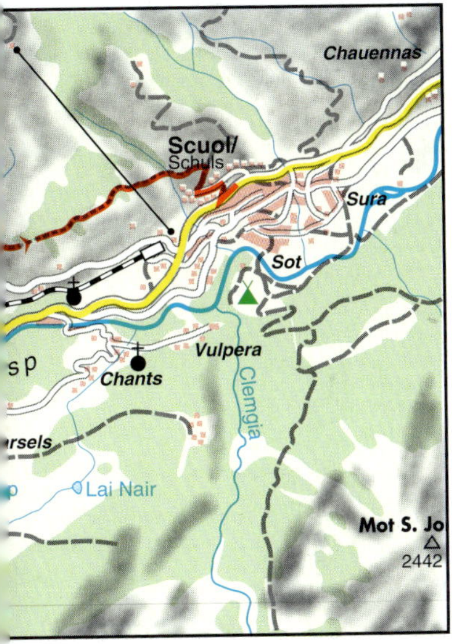

Schöner ist es für den Bergwanderer, in einer Stunde über den breiten Südrücken zum **Muot dal l'Hom** (2512 m) aufzusteigen. – die prachtvolle Aussicht, sozusagen »eine Etage höher«, lohnt die Mühe. Von dieser Kuppe quert man ein Bachtälchen zur **Alp Clünas** (2444 m) und steigt zur Bergstation des Sessellifts und – wenn man der Versuchung nach einem bequemen »Abstieg« widerstehen kann – nach **Ftan** (nähere Angaben S. 24) ab.
Weiter geht es auf einem bequemen Weg hoch über dem Inntal (gegenüber Schloß Tarasp), unter den Seilen der Gondelbahn durch und nach **Scuol** hinab. Hier sollte man den unteren Dorfteil besichtigen und das Mineralwasser aus dem Dorfbrunnen probieren. Nächtigung in Scuol oder Rückkehr nach Ardez mit der Rhätischen Bahn (Linie 960).

49 Von Scuol nach Ramosch

Dritte Teilstrecke des Unterengadiner »Panorama-Höhenweges«

Motta Naluns – Sent – Zuort – Vnà – Ramosch

Talort: Scuol, 1243 m. Siehe S. 22.
Ausgangspunkt: Parkplatz bei der Talstation der Gondelbahn. Hierher auch mit dem Ortsbus zum Nulltarif. Die Gondelbahn ist von Anfang Juni bis gegen Ende Oktober in Betrieb. Die erste Gondel fährt in der Hauptsaison (Juli und August) bereits um 7.30 Uhr.
Gehzeiten: Motta Naluns – Sent 2¼ Std., Sent – Gasthof Zuort 2½ Std., Zuort – Vnà 1 Std., Vnà – Ramosch ¼ Std.; Gesamtzeit 6½ Std. (»Kürzungen« sind möglich.)
Anforderungen: Einfache Wanderung auf gut markierten Wegen und Fahrwegen, die wegen ihrer Länge etwas Ausdauer erfordert.
Einkehr und Unterkunft: Gasthöfe in Sent und Vnà sowie Bauern- und Gasthof Zuort.

Von der Bergstation **Motta Naluns** wandert man auf einem bequemen Weg durch die Unterführung einer Schlepplifttrasse und mäßig ansteigend bis zu einer Wegkreuzung unterhalb der **Chamanna da Schlivera** (Schlivera Hütte). Hier zweigt man nach rechts ab und steigt in den Talboden hinunter. Auf der gegenüberliegenden Seite quert man zunächst einen steilen Hang mit einer Reihe von Bachtälchen. In einigem Auf und Ab geht es im Südhang bis zu den beiden tief eingeschnittenen Tälern Val da Muglins und Val Güstina, die man quert und nach **Sent** absteigt.
Am östlichen Ortsausgang trifft man bereits den Weg in das Sinestratal (Val Sinestra). Oberhalb des Kurhauses vorbei, hoch über der Brancla steile Hänge querend und Bachschluchten ausgehend, erreicht man **Zuort**. Vorsicht: Dieser Weg kann nach starken Regenfällen durch Vermurung heikel oder sogar ungangbar werden.
Der alte Bauern- und Gasthof »Hof Zuort« lädt zu einer gemütlichen Rast ein. Neben dem Gasthof sehen wir die »Chasa Mengelberg«, das hübsche Haus des berühmten holländischen Dirigenten, der hier in großer Einsamkeit seinen Lebensabend verbracht hat.

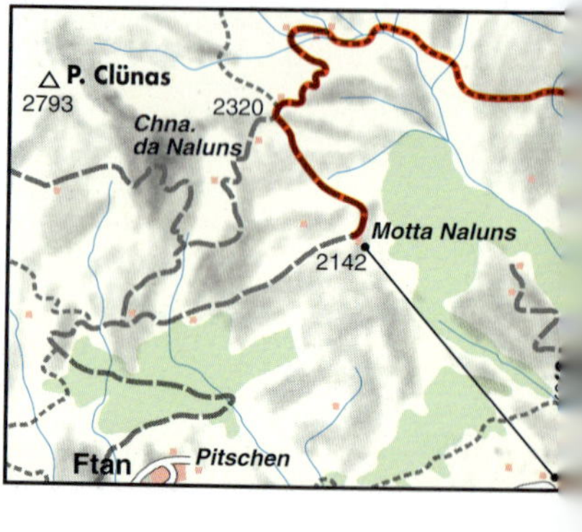

Auf dem anderen Ufer der Brancla führt ein Fahrweg, zunächst mit einem geringen Gegenanstieg, dann mit leichtem Gefälle nach **Vnà**.
Ein Fußweg vermeidet die weit ausholenden Kehren der Fahrstraße nach Ramosch und führt unmittelbarer hinunter. Man kann sich den Fußweg auch ersparen und mit dem PTT-Bus (Linie 960.80) von Vnà nach **Ramosch** fahren. Rückkehr nach Scuol mit dem PTT-Bus (Linie 960.70).Busverbindung übrigens auch zwischen Sent und Kurhaus (960.65).

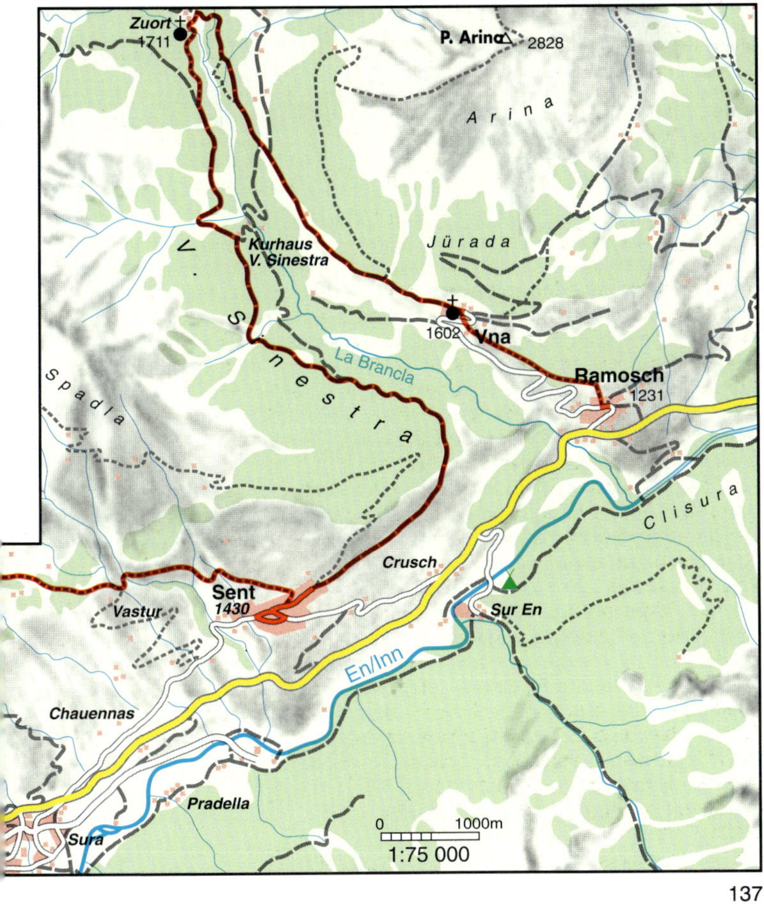

50 Von Ramosch nach Vinadi

Vierte und letzte Etappe des Unterengadiner »Panorama-Höhenweges«

Ramosch – Tschlin – Vinadi

Talort: Ramosch, 1231 m. Nähere Angaben S. 21.
Ausgangspunkt: Ortsmitte von Ramosch. Hier bestehen nur bescheidene Parkmöglichkeiten. Haltestelle des PTT-Busses (Linie 960.70).
Gehzeiten: Ramosch – Tschlin 2½ Std., Tschlin – Vinadi 3½ Std.; Gesamtzeit 6 Std.
Anforderungen: Einfache Wanderung auf bequemen und gut markierten Wegen. Eine ungefährliche und kurze, aber etwas steile und anspruchsvollere Einzelstelle gibt es bei der Überquerung einer Bachschlucht.
Einkehr und Unterkunft: Gasthöfe in Tschlin. Gasthof »Weinberg«.
Variante: Eine Verkürzung der Wanderung ist möglich, wenn man von Tschlin über Chaflur direkt nach Strada absteigt.

Von der Ortsmitte von **Ramosch** folgt man dem Hinweisschild *»Panoramaweg«*. Er führt breit und bequem durch die Bergwiesen zum Ruinainstal (Val Ruinains). Hoch über der Bachschlucht, in die eine Steilflanke abbricht, wandert man talein, bis es möglich ist, zum Talboden abzusteigen und auf die andere Bachseite zu queren. Das ist die anspruchsvollste Stelle unserer Wanderung. Nun benützt man wieder einen bequemen Weg, geht um einen Bergrücken herum und in erreicht in sanftem Abstieg das reizvolle Bergdörfl **Tschlin**.
Der in einem Steilhang gelegene Ort ist der Gemeindesitz – Strada und Chaflur im Talboden sind lediglich Fraktionen. Nähere Angaben zu Tschlin S. 21. Wer es bequem haben möchte, kann von hier aus nach Strada oder Seraplana ins Tal absteigen.
Die Ausdauernden durchqueren auf der steilen Dorfstraße den gesamten Ort und gelangen zu einer Bachschlucht, die bei P. 1548 auf einer Brücke überschritten wird. Wenig später bietet sich neuerlich die Möglichkeit, die Tagesetappe zu verkürzen und nach rechts nach Martina abzusteigen.
Nach Vinadi hält man sich jedoch links und erreicht auf breitem Forstweg die Hochfläche von **Vadrain** (1591 m).
Weiter im steilen Hang, zahlreiche Bachtälchen ausgehend, kommt man nach **Vinadi**. Man stößt auf die Straße nach Samnaun, zweigt nach rechts ab und erreicht auf dieser Straße nach wenigen Minuten den gemütlichen **Gasthof Weinberg** (1086 m), der seinen Rebensaft allerdings nicht aus eigenem Anbau bezogen hat oder gar bezieht.
Die **Rückkehr** zum Ausgangspunkt erfolgt mit dem PTT-Bus (Linie 960.70).

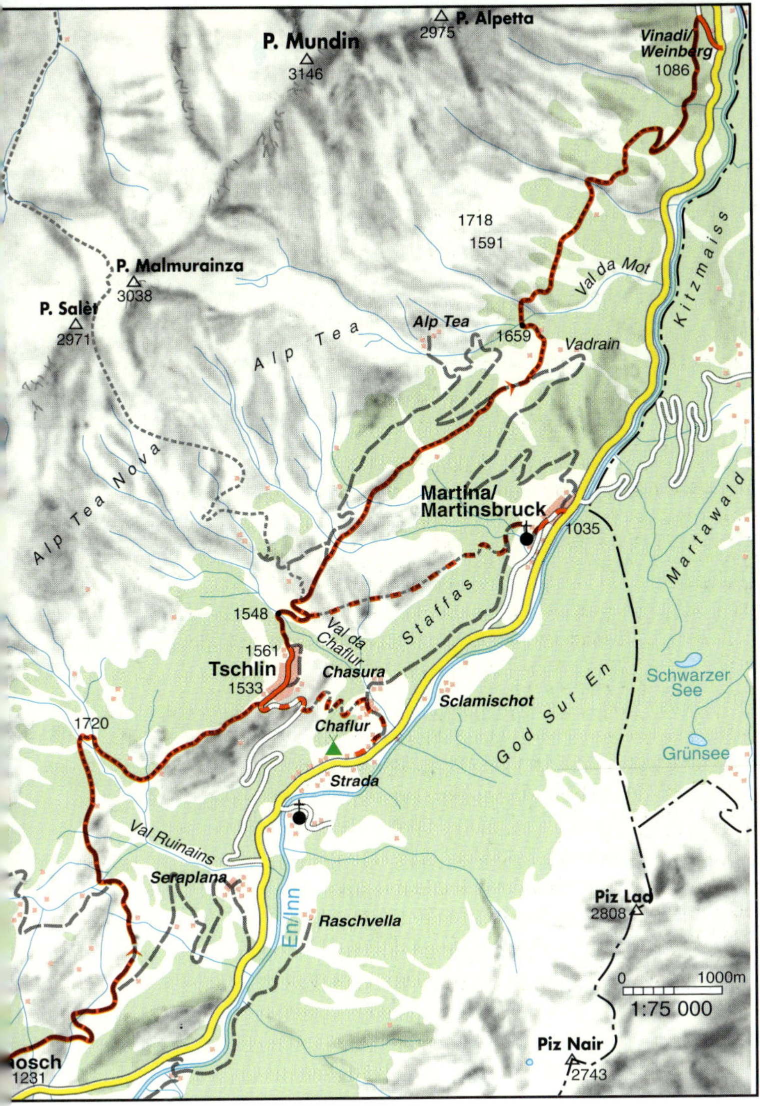
P. Alpetta
2975
P. Mundin
3146
Vinadi/
Weinberg
1086
1718
1591
P. Malmurainza
3038
P. Salèt
2971
Val da Mot
Kitzmaiss
Alp Tea
1659
Vadrain
Alp Tea
Alp Tea Nova
Martina/
Martinsbruck
1035
Martawald
1548
Val da
Chaflur
Staffas
1561
Tschlin
1533
Chasura
Schwarzer
See
Sclamischot
God Sur En
1720
Chaflur
Grünsee
Strada
Val Ruinains
Seraplana
Piz Lad
2808
En/Inn
Raschvella
0
1000m
1:75 000
Piz Nair
2743
1231

Stichwortverzeichnis

Die Zahlen hinter den Begriffen geben die Seitenzahlen an.